Geniotipo

Vivir mejor

Biografía

Tony Estruch nació en 1981 y es músico de formación. A los diecinueve años fundó sus primeras tres empresas, por aquel entonces relacionadas con la música. Todo esto le llevó a gestionar y observar a un equipo humano de más de cien personas. De su experiencia como empresario, gestor y artista nació el estudio del geniotipo, al que se ha dedicado los últimos diez años, investigándolo y desarrollándolo en colaboración con un equipo de profesionales y expertos en desarrollo personal.

@tonyestruch

tonyestruch.com

Tony Estruch

Geniotipo

Descubre tu talento y conviértete en tu mejor versión

DIANA

Diana es sello editorial de Editorial Planeta, S. A.
Avda. Diagonal, 662-664, 08034 Barcelona (España)
www.planetadelibros.com

Adaptación de la cubierta: Booket / Área Editorial Grupo Planeta
Fotografía de la cubierta: © Anikei / Shutterstock
Primera edición en Colección Booket: enero de 2024
Segunda impresión: agosto de 2024
Tercera impresión: octubre de 2025
Cuarta impresión: diciembre de 2025

Depósito legal: B. 19.233-2023
ISBN: 978- 84-1119-122-7
Impreso en España

El genio es el oro escondido en la mina;
el talento es el minero que trabaja para extraerlo.

Marguerite Blessington

Sumario

DESATA TU GENIO

PRÓLOGO

Viaje al centro del talento

Tengo el honor de haber asistido al nacimiento de un concepto pionero que se presenta al mundo con este libro, razón por la que escribo este prólogo.

La primera vez que entré en contacto con Tony Estruch fue a través del Congreso de meditación que él organizaba, y donde yo fui uno de los entrevistados. Hoy en día ya no participo en esta clase de eventos virtuales, pero en aquella ocasión estuvimos conversando durante una hora. Yo estaba en mi casa y él en su estudio, con un piano al fondo.

Aunque el budismo forma parte de mi vida y he hecho tres retiros y un programa de Reducción de Estrés Basado en Mindfulness (MBSR, por sus siglas en inglés), siempre he sido un pésimo meditador. No tengo paciencia para estar sentado mucho tiempo y, al poco tiempo de acomodarme en el almohadón, me empieza a doler todo. Por eso, lo más parecido que hago a la meditación es tocar el piano o caminar por el campo con atención plena.

Al terminar la entrevista, estuvimos charlando un rato y

Tony me confesó que tampoco es muy dado a realizar meditaciones al uso y que, por ese motivo, organizaba el congreso: para dar a conocer la meditación de una forma más integral. De esta práctica y de la música —él es un excelente pianista—, pasamos a hablar del talento.

Este es un tema que siempre me ha apasionado, especialmente desde que escribí *Ikigai*, junto a Héctor García, publicado originalmente por la editora de este libro y hoy traducido a sesenta idiomas.

Para saber hasta qué punto el propósito vital ocupa el centro de la vida de una persona, un proyecto o una empresa, se suelen utilizar cuatro círculos que responden a cuatro preguntas:

¿Qué es lo que amas?

¿Qué se te da bien hacer?

¿Es algo por lo que pueden pagarte?

¿Y es algo que el mundo necesita?

El tema de este libro tiene mucho que ver con el segundo círculo, aunque también se relaciona con los otros tres.

Todo el mundo es genial en algo, y nuestra tarea como seres humanos es descubrir en qué lo somos para ponerlo al servicio del mundo, lo que correspondería al cuarto círculo. Cuando tienes un talento natural, disfrutas poniéndolo en práctica, y es muy probable que te paguen por ello, con lo que habríamos completado el diagrama del *ikigai*.

Volviendo a aquella charla, que tuvo lugar después de que nuestra sesión quedara grabada para el congreso, le pregunté a Tony Estruch —siempre he sido más de escuchar que de hablar; me interesa sinceramente la vida de los demás— en qué proyectos estaba. Él me explicó, por primera vez, su teoría de los nueve geniotipos, que llevaba años desarrollando, con la ayuda de un equipo multidisciplinar. Enseguida quedé fascinado y mi radar de *sherpa* literario, que había puesto a descansar hacía tiempo, se activó de repente.

Llevo veinticinco años trabajando en el mundo del desarrollo personal y la espiritualidad. Empecé como traductor y corrector y, posteriormente, como editor, periodista y autor, con medio centenar de libros publicados. Mi especialidad es descubrir nuevas tendencias en el campo de la autoayuda internacional. Tras haber estudiado miles de manuscritos, puedo afirmar que es más que raro que un autor presente algo verdaderamente nuevo y original. En su inmensa mayoría, son refritos de lo que han escrito otros, y están llenos de lugares comunes.

Por eso mismo me asombró la propuesta de Tony Estruch. Partiendo de la base de que todo el mundo es un genio, algo que siempre he suscrito, presentaba un modelo con nueve tipos de genialidad: los geniotipos. Para desplegar con felicidad todo tu talento y ofrecerlo al mundo (y que te paguen por ello), primero debes saber qué clase de genio eres. De lo contrario, puedes encontrarte librando la guerra en el bando equivocado.

«Genial», pensé antes de decirle a Tony:

—Ahí tienes un libro que puede ayudar a muchísima gente.

Rescatando mi rol de *sherpa* para guiarle, Tony se puso manos a la obra hasta cristalizar en el libro que tienes en tus manos.

Estoy convencido de que el modelo que ofrece te ayudará a descubrir el genio que habita dentro de ti, para desarrollar todos tus talentos y capacidades. También te servirá para identificar los geniotipos de tu familia, amigos y compañeros. Con ello, podrás comprenderlos mejor y ayudarlos a iluminar el mundo con su propia genialidad.

¡Empieza una aventura emocionante!

Con cariño,

FRANCESC MIRALLES

¿Qué son los geniotipos?

Todos somos geniales en algo. Sin embargo, para sacar el mejor partido de nosotros mismos y de los demás, tenemos que abrazar con urgencia una concepción más rica de las capacidades humanas: el talento.

Muchas personas creen que no son buenas en nada, pero todas lo somos en algo, y nuestra tarea es descubrir cuál es nuestro don para entregarlo al mundo. Como señalaba la escritora irlandesa del siglo XIX que abre este libro, nuestro oro está enterrado dentro de nosotros, y cada cual tiene su propio talento para sacarlo a la luz. ¿Cuál es mi talento? ¿Cuáles son mis habilidades y capacidades? ¿De qué manera puedo extraer lo mejor de mí mismo, para aportar luz y riqueza al mundo? El objeto de este libro es ayudarte a descubrirlo.

Todo ser humano es genial por naturaleza y, como lo define el periodista Malcolm Gladwell, un genio es un fuera de serie. Eso significa, no solamente que es sobresaliente en lo suyo, sino que, en sus propias palabras, «su construcción esmerada lo distingue de los fabricados en serie», que es justo lo contrario de lo que suele suceder, ya que muchas veces lo mejor de uno mismo está sepultado bajo capas de adoctrinamiento, resignación e ideas preconcebidas, como veremos en el siguiente apartado. Si se obliga al minero a hacer cosas que nada tienen que ver con su verdadero propósito, no podrá bajar a extraer el oro.

¿Cuántas personas se miran cada día al espejo y no se sienten especiales? En su mirada hay desconocimiento de su propio valor. Cuando una persona se conoce a sí misma, cuando toma consciencia de cuál es su talento, entonces empieza a desplegarlo y permite que brille ese oro interior. A lo largo de este libro veremos nueve geniotipos, nueve maneras diferentes de mostrar nuestro genio a través del propio talento; y quiero precisar que ninguno es, en sí mismo, mejor que otro.

Cada talento se configura como la definición final y particular de los recursos y aptitudes propios, tiene su utilidad y supone una contribución al mundo y para con uno mismo, si se posee el valor para desarrollarlo sin miedo ni dudas, y con generosidad.

Desde que empecé a investigar, y también en mi trabajo como consultor, escucho de manera habitual esta frase, con variantes, pero con un mismo sentido: «Yo no soy creativo. Se me da bien cocinar, pero ya está».

¿Cómo que ya está?

Es sorprendente la capacidad que tiene el ser humano de autoboicotearse y de empeñarse en silenciar todo su potencial. Hay personas que se sienten insignificantes, pero pintan cuadros, inventan sus propias recetas de cocina o tienen un don extraordinario para escuchar y comprender a los demás.

En una ocasión, vino a consultarme un joven con diez libros publicados que quería encontrar su talento. Se me escapó una sonrisa. Si lo pensamos y somos honestos con nosotros mismos, la mayoría somos como ese escritor que ignora su propio don.

Tal vez tu fuerte no sea la creación literaria o artística, pero quizá sí seas muy bueno en la mediación de conflictos, en acompañar a personas que pasan por un mal momento, en organizar lo necesario para impulsar a otros talentos en su camino para brillar o en hacer reír, para vacunarnos contra la seriedad y la rabia del mundo. Porque sí, estos son recursos imprescindibles que nos facilitan la vida cotidiana y nos ayudan a ser felices. Incluso el talento más sencillo puede cambiar el mundo, si se practica desde el corazón y poniendo toda la carne en el asador. Una vez descubras cuál es tu geniotipo, estará en tus manos descubrirlo en toda su magnitud y aplicarlo a cada área de tu vida.

Todos tenemos un genio dentro, como la lámpara de Aladino, aunque aún no la hayamos destapado porque quizá no sabemos que debemos frotarla. En este sentido, el hecho de que tu talento haya permanecido oculto hasta ahora puede obedecer a distintos factores:

- La idea preconcebida de que el genio pertenece a los demás, a personas con mucho más talento, formación o «suerte» que tú.
- Resignarte a tu *statu quo* actual, asumiendo que no puedes ser más de lo que eres, ni llegar más lejos de donde estás.
- Pensar que tu talento no es suficiente, o incluso que es vulgar; que si no eres famoso es porque no tienes talento.
- La educación llena de condicionamientos y prejuicios a la que hemos sido sometidos. (Dedico todo un capítulo a este último punto en la segunda parte del libro.)

Tras estas lecciones preliminares, vamos a sumergirnos en este concepto que puede revolucionar tu vida.

Cómo funciona este libro

A lo largo de la vida, aprendemos y nos adaptamos a muchas situaciones, pero el talento es innato. Otra cosa es que seamos conscientes de él y sepamos cómo usarlo a nuestro favor, ya que, como veremos a lo largo de cada perfil, todo don tiene su lado de sombra.

Para descubrir tus posibilidades y desarrollarlas, el geniotipo es una herramienta de autoconocimiento que te permite ordenar tu mente desde el corazón. Es como un libro de instrucciones para gestionar unas capacidades que tienes incorporadas desde que llegaste al mundo. Conocer tu geniotipo te ayudará a desbloquear y hacer fluir tu don, soltando prejuicios heredados y protegiéndote, a la vez, de tu propio lado de sombra.

Tanto si quieres autodescubrirte como si tu propósito es acompañar a otros al interior de su mina, el geniotipo te proporciona los patrones que rigen cada talento para extraer todos sus beneficios y evitar las trampas asociadas. Por este motivo, en cada capítulo de este libro encontrarás los dos lados de la moneda, el positivo y el negativo, y cómo equilibrarlos.

El estudio que tienes en tus manos es fruto de diez años de investigación en colaboración con expertos de múltiples disciplinas. Por eso vamos a abordar el talento desde todos los ámbitos.

Dedico un capítulo extra a las relaciones, porque es el campo en el que se expresa con mayor complejidad el talento humano.

Por último, al final de cada capítulo de la primera parte, encontrarás un pequeño cuestionario orientativo para aceptar o descartar tu pertenencia a cada uno de los geniotipos. Estoy seguro de que tras la lectura podrás identificar o intuir el tuyo. Y, más allá de eso, sabrás cómo desplegar tu talento para compartir con los demás la riqueza que duerme en tu interior. Después de reconocer tu perfil de genio, en la segunda parte del libro te ofrezco todas las claves para liberarlo, disfrutarlo y, sobre todo, mejorar tu autoestima a través de él.

El genio que ya eres

Antes de avanzar y conocer a fondo los geniotipos, me gustaría compartir algunos detalles sobre mi infancia y el origen de este proyecto.

Uno de mis recuerdos más presentes se refiere a mi paso por la escuela. Tengo que decir que me interesaba todo menos estudiar, porque nunca comprendí la razón de ser de muchas de las asignaturas. Además, como dijo el experto en educación Ken Robinson en una de sus charlas, que un profesor esté enseñando no significa que los alumnos aprendan. Si el docente no logra conectar con ellos, y el alumnado no abre su corazón al conocimiento, los procedimientos y la transmisión de valores, todas las palabras y explicaciones serán en vano. Esto explica por qué yo me quedaba tantas veces con la mente en blanco en el colegio.

Para mí, el verdadero significado de enseñar es acompañar a otra persona para que pueda dar lo mejor de sí misma; significa apoyarla y proporcionarle las herramientas necesarias para que su talento se manifieste, y para que abrace sus dones y habilidades. En el proceso indivisible de enseñanza y aprendizaje, debe surgir la chispa que prenda el fuego de la pasión interior, y que ilumine todos los aspectos de la vida del que aprende, como vía para revelar su auténtico propósito.

Con este fin, es necesario trascender el pensamiento racional que nos resulta muy útil, pero que es una manera muy limitada de entender la vida. Nuestro genio muchas veces habita en el fondo de la mina y, para acceder a él, además de información, necesitaremos desarrollar la intuición y aprender a escuchar el corazón, ambos (intuición y corazón) pilares del talento. De poco sirve tener una mente lúcida y un corazón adormilado.

A su vez, una nueva manera de contemplarte y de vivir te permitirá crear nuevos vínculos, que a simple vista no se perciben. Cuando el talento aflora, plantea y crea nuevas realidades. Pensemos, por ejemplo, que antes del año 2007, un teléfono, un ordenador y una pantalla táctil tenían, *a priori*, poco que ver entre sí. Sin embargo, con la visión del fundador de Apple, Steve Jobs, nació el teléfono inteligente que aúna todas estas posibilidades, el iPhone, y cambió para siempre la manera de entender nuestra realidad cotidiana. De un modo similar, cuando actives tu geniotipo, un nuevo universo de opciones se desplegará ante ti. Pronto te verás haciendo cosas que ahora ni siquiera imaginas.

Este es un libro sobre el talento innato, sobre el genio que ya eres y que reside en ti. Así que no esperes más. Te invito a adentrarte en las descripciones de los geniotipos y a identificar el tuyo.

La aventura de tu vida está a punto de empezar.

LOS NUEVE GENIOTIPOS

1

INFINITO

Mostrar nuevos caminos

Este geniotipo está representado por el signo del infinito para indicar el sendero sin fin del aprendizaje y el progreso humano. Se reconocerán en él los maestros de vida en cualquiera de sus ámbitos. Su propósito es educar y mostrar nuevos caminos, acompañando al prójimo para que dé lo mejor de sí mismo.

Es el geniotipo propio del sabio, del instructor, del filósofo, del profesor o del rector. Estas son sus capacidades innatas más destacadas:

- Estudia y amplía siempre sus conocimientos. Infinito no se cansa nunca de aprender para compartirlo luego con los demás. Ya en el siglo VI, el poeta hindú Kalidasa definía este geniotipo de la siguiente manera: «Las grandes almas son como las nubes: recogen para repartir».
- Sabe transmitir la sabiduría de manera atractiva y accesible a todos. Infinito es un gran divulgador; es aquel profesor que nos marca y nos hace amar una asignatura, pero también el que detecta y potencia nuestro talento natural.

- Inspira y empodera a los demás. En su presencia, sentimos que se amplía nuestro ancho de banda y nuestro valor. Este geniotipo contagia entusiasmo y domina el efecto Pigmalión positivo, que explicaremos a continuación.
- En su mejor versión, mezcla perfectamente mente y corazón. Por un lado, trabaja desde el intelecto, ordena y adapta los contenidos para llegar a todo el mundo. Por el otro, le mueve el amor al conocimiento y el apoyo a los demás.

El efecto Pigmalión

Infinito es un genio en este fenómeno, en el que las expectativas que tenemos sobre otras personas influyen de manera decisiva en su rendimiento. Esto sucede, especialmente, cuando tenemos algún tipo de poder sobre ellas. Veamos dos ejemplos de signo opuesto para entender cómo opera.

Efecto Pigmalión negativo
Imaginemos a un jefe que trata siempre a un empleado de forma despectiva, lanzándole mensajes del tipo: «Estás muy verde todavía», «Te has vuelto a equivocar» o «Es increíble que tenga que estar siempre encima de ti».

Si no cambia de empresa, es previsible que este empleado se sienta cada vez más inseguro y confirme con sus actos la visión negativa de su superior. De este modo, se sentirá «verde» o tendrá miedo a equivocarse cada vez que tenga que tomar una decisión, con lo que recurrirá constantemente a su jefe, que ya ha sentenciado que debe estar siempre encima de él. Al aceptar estas etiquetas negativas que le son asignadas, ratifica su validez a través de todos sus actos gracias al efecto Pigmalión negativo.

Efecto Pigmalión positivo

Veamos ahora una situación diametralmente opuesta a través de un experimento. Fue realizado por el psicólogo Robert Rosenthal y Lenore Jacobson, directora de una escuela de San Francisco, en la década de 1960, cuando se empezó a testar este mecanismo.

Antes de empezar el curso, se dio al profesorado los resultados de los test de coeficiente intelectual que habían realizado los alumnos, en los que se señalaba de forma precisa qué chicos o chicas destacarían especialmente, y cuáles no tenían capacidades extraordinarias. Estas mediciones, sin embargo, eran totalmente ficticias, y se entregaron a los docentes de forma aleatoria.

Al finalizar el curso, los niños y niñas que habían sido calificados como «genios» demostraron un rendimiento académico superior, impulsados por las expectativas y la confianza de sus profesores.

Veamos los cuatro beneficios que produce el efecto Pigmalión positivo, de acuerdo con las observaciones de Rosenthal y Jacobson:

- Creación de un clima emocional cercano. La persona se siente arropada y comprendida, más allá incluso del lenguaje verbal. El efecto Pigmalión positivo se genera también a través de los gestos, la mirada o el tono de voz.
- Más capacidad de aprender. Cuando confiamos en la habilidad de alguien para mejorar, le damos más y mejores

contenidos, y no dudamos en corregir cualquier error para ayudar en su progreso. Lo opuesto a eso es el alumno o empleado al cual «se deja por imposible», porque no existe la expectativa de que se supere.

- Mayor participación. Al activarse el efecto Pigmalión positivo, se pregunta a la persona a menudo; se la invita a opinar y a participar, porque se confía en sus capacidades, en lugar de ignorarla o interrumpirla. Esto supone un importante empoderamiento.
- Superación a través del elogio. Al recibir palabras apreciativas, que destacan sus virtudes y logros, la persona se crece y se esfuerza en confirmar que su mentor o mentora no se equivoca. Hará todo lo posible para estar a la altura de las expectativas.

Seguro que has oído más de una vez la expresión de que «Lo que crees es lo que creas». Pues esa es la magia del efecto Pigmalión, uno de los poderes de este geniotipo: hacer creer a los demás que pueden hacerlo. En psicología, este fenómeno también se denomina profecía autocumplida.

El desarrollo de Infinito

Este geniotipo suele tener don de gentes, lo cual, sumado a su dominio de la comunicación, le pone en una situación de ventaja a la hora de relacionarse con los demás. En su versión saludable, Infinito muestra buen juicio, prudencia y madurez en sus actos y decisiones, y se puede razonar y debatir con ella o él de forma muy amena. De hecho, le encanta filosofar. Forma parte de su encanto.

Sin embargo, Infinito a veces abusa de su mente para descifrar la vida. Está siempre interpretando, aunque tiende a olvidarse de su corazón. Tiene muy bien desarrollado el sentido común y la introspección, lo que le permite lograr las metas propuestas y aconsejar con tino a otros. Los consejos de este geniotipo son muy valiosos, porque casi siempre parten de una profunda reflexión y aportan nuevas perspectivas.

Lo que le hace popular es su compasión, altruismo y empatía. Su sed de conocimiento, sin embargo, puede volvérsele en contra, ya que su talón de Aquiles —y su mayor miedo— es la resignación y la monotonía. Necesita estar en constante aprendizaje y desarrollo, pero la sociedad en la que vivimos puede hacerle sentir estancado.

Infinito necesita tener la certeza de que su talento es imprescindible para despertar la consciencia en el mundo. No obstante, para sembrar dicho cambio debe darse cuenta de que su mayor valor no reside en sus conocimientos e intelectualidad, sino en su inteligencia emocional: acompañar a otros seres humanos para que observen hacia dentro y descubran su genio es su misión primordial. Más que enseñar o formar, su genialidad es acompañar y potenciar. Carecemos de institutos de la emoción, por eso su habilidad es tan necesaria hoy en día.

Si Infinito consigue comprender este matiz, su talento marcará la diferencia. Dejará de repetir las mismas lecciones para extraer de cada persona toda su valía. Desde este punto de vista, el maestro puede dar paso al filósofo o al sabio.

Uno de los retos de este geniotipo es no perderse en la abstracción de lo teórico y llevar su conocimiento a la vida real. Cuando Infinito descubre algo, tiene que ser consecuente y aplicarlo a su propia existencia porque, de otro modo, empezará a pasarlo mal sin saber el motivo. A través de esta coherencia, la de practicar con el ejemplo, logrará realizarse y, a su vez, iluminar a los demás.

Otra de las fortalezas de este geniotipo es que, en momentos de gran incertidumbre, sabe ir a favor del Tao, el flujo de la vida, sin caer en dramatismos.

Las capacidades de Infinito se amplifican cuando está bien conectado con su corazón. Si se queda anclado en lo intelectual, en la acumulación de conocimiento, no desplegará su poder, porque necesita incorporar a la ecuación la variable del corazón. Su genialidad tiene el origen en las preguntas que plantea su mente y desemboca en las respuestas que intuye su corazón, que es su puerta a la verdad. Por ese motivo, sea filósofo o profesor de yoga, y aunque su propósito en la vida sea mostrar nuevos caminos a la humanidad, un Infinito saludable necesita combinar su misión con un proceso de profunda introspección para responderse a las preguntas que le propone la vida. En el fondo de sí mismo, Infinito se lo cuestiona todo, pero eso no debe hacerle sentirse un bicho raro. Forma parte de su don para hacer de este un mundo mejor.

De forma resumida, para su desarrollo profesional, emocional y existencial, este genotipo necesita:

- Encontrar condiciones óptimas para su tarea de enseñar y acompañar a los demás.
- Aprender siempre en una doble dirección, alimentando su sabiduría con nuevos conocimientos y, a su vez, ahondando dentro de sí mismo.
- Llevar sus descubrimientos a su vida aplicando cambios reales; es decir, alinear sus actos con sus ideas.

«Yo sé»: la sombra de Infinito

Entre los peligros que debe evitar este geniotipo están la prepotencia y el egocentrismo. Se aleja de su estado saludable cuando alardea de sus conocimientos y cae en la tentación del «Yo sé», despreciando, en cierto modo, a los demás. Esto es muy típico de la primera fase de su vida. A medida que madura, se va acercando a la lúcida frase de Sócrates: «Solo sé que no se nada».

A veces se enfada con el mundo, porque le cuesta comprender por qué puede entender las cosas de forma tan obvia y, el resto de la gente, no. Esto puede llevarle a sentirse por encima de los demás, alimentando su soberbia, o bien a retirarse de la vida como un ermitaño.

Si adopta el papel de erudito, no dejará lugar a la duda y al misterio, lo cual marchitará un poder esencial en Infinito, que es la introspección y el cuestionamiento de todo, empezando por sí mismo.

El remedio para que este perfil no enferme es la humildad. Debe darse cuenta de que el conocimiento es infinito, como su geniotipo, y que por lo tanto también él o ella es ignorante. Eso, además, le llevará a aceptar que cada persona tiene su propia sabiduría y un talento único.

Algunos Infinitos célebres

- **Buda.** Considerado uno de los grandes maestros de la humanidad, Siddharta Gautama consagró su existencia a la búsqueda espiritual y a la enseñanza de sus discípulos que, a su vez, transmitieron su conocimiento a otros, hasta llegar a nuestros días. Su gran propósito fue aliviar el sufrimiento humano.

- **Platón.** Fundador en 387 a. C. de la Academia de Atenas, institución que realizaría su labor educativa durante nueve siglos. Fue alumno de **Sócrates** y maestro de **Aristóteles**, ambos también ejemplos del geniotipo Infinito. Buena parte de la filosofía clásica nos ha llegado a través de sus *Diálogos*.
- **Jean-Jacques Rousseau**. Gran figura de la Ilustración francesa, aunque era odiado por alguno de sus representantes, como Voltaire, este pensador, además de escribir, era músico y un agudo naturalista. Como pedagogo, se avanzó a su tiempo abogando por la evolución natural del niño y sus talentos.
- **María Montessori**. Creadora de un método educativo todavía vigente, que define la propuesta de muchas escuelas del mundo, a finales del siglo XIX Montessori se graduó con honores como médico en la Universidad de Roma La Sapienza. Sostenía que la mente del niño es infinita, y que todo lo que debe hacer el educador es motivarlo y despertar sus ganas de aprender. Su lema era: «Ayúdame a hacerlo solo».
- **Carl Gustav Jung**. Quien fuera colaborador de Freud es, sin duda, uno de los maestros más heterodoxos y geniales del siglo XX. A él le debemos conceptos como extravertido/introvertido, los arquetipos, el inconsciente colectivo o la teoría de las sincronicidades. Sesenta años después de su muerte, sigue siendo un faro para la psicología y la espiritualidad.

Test de reconocimiento

Elige una de las tres opciones para cada una de estas afirmaciones:

1. Para ti, aprender siempre ha sido...
   a. Una obligación que muchas veces no me apetecía.
   b. Un medio para conseguir un fin (un título, pasar oposiciones, etc.).
   c. Una necesidad vital, un agradable camino sin fin.
2. Lo que impulsa tu existencia es...
   a. Las pequeñas cosas de la vida.
   b. Un equilibrio entre la diversión y el trabajo.
   c. La curiosidad: no me canso nunca de saber.
3. Al estudiar una nueva materia...
   a. Voy al grano, tratando de aprender lo estrictamente necesario.
   b. Me gusta ahondar en ella, pero sin obcecarme. Hay vida fuera de los libros.
   c. No me doy nunca por satisfecho, siempre queda algo por saber.
4. Tu actitud hacia los que deben aprender de ti es...
   a. Cumplo con mi tarea, pero enseñar no es mi fuerte.
   b. Sigo el temario y procuro que nadie se quede atrás.
   c. Me apasiona ayudar a expandir la conciencia de los demás.
5. Cuando tienes que hacer una presentación en público, te sientes...
   a. Francamente incómodo.
   b. Muy nervioso, pero lo sé llevar.
   c. No tengo problema en ser el centro de atención.

Cada «c» suma un 20 %, cada «b» un 10 % y la «a» es un 0 %, es decir, no computa. Suma todos tus resultados y sabrás qué porcentaje de Infinito tienes. Si es muy alto, puede que sea tu geniotipo.

2

CUADRADO

Pragmatismo y lógica

Se representa con el signo del cuadrado para expresar que este geniotipo es muy mental y de ideas fijas. Su propósito es hacer correctamente las cosas correctas. Si se siente identificado con su labor, es el profesional perfecto, y no le representa ningún problema hacer cada día lo que toca, de forma metódica y organizada.

Es el geniotipo propio del gestor, el contable, el funcionario, el administrador, el bibliotecario o incluso el economista, así como todo aquel que tenga que ver con la ley: juez, policía, militar o abogado. Es muy bueno acatando y cumpliendo órdenes y, si asciende en la cadena de mando, puede ser un excelente administrador de empresa, oficial del ejército o capitán de barco.

Entre sus recursos innatos destacan:

- Se maneja bien en una oficina, siempre que las jerarquías sean claras y las tareas estén bien distribuidas. Sabe formar parte de un equipo y no soporta decepcionar.

- Es pragmático. Justamente porque es muy mental y tiene los pies en la tierra, sus soluciones devuelven la cuestión a la realidad. Es el antídoto perfecto para momentos de dispersión, porque se guía por la lógica y el raciocinio.
- Obstinado y pertinaz, garantiza resultados porque no se sale de la línea trazada. Se siente cómodo en tareas que pueden llegar a ser monótonas o repetitivas.
- Destaca, asimismo, por su nobleza y sinceridad, ya que también es recto en su pensamiento y sus valores. Es una persona fiel a sus creencias e ideas.

Orden y progreso

La imaginación y la creatividad artística no están entre sus virtudes, por lo que no le suele gustar la ciencia ficción, ya que la considera poco plausible. No necesita la fantasía si está a gusto con lo que tiene y cubre las expectativas que se ha propuesto. Se rige por la frase de Auguste Comte, exponente del Positivismo, inscrita en la bandera de Brasil: «Orden y progreso». Su evolución y su prosperidad parten de dicha forma sistemática de avanzar.

Los geniotipos más intuitivos lo tacharán de rígido, pero Cuadrado es de una creatividad conceptual eminentemente práctica. No es derrochador y nunca se adentra en terreno desconocido si no puede controlar el resultado. Es ahorrador, austero y necesita una base sólida para sentirse bien. Difícilmente suelta el control, no deja nada al azar y sus decisiones obedecen a una lógica cartesiana. Se aferra a la zona de confort y le horrorizan los saltos al vacío, aunque a veces le atraigan otras realidades.

Cuadrado puede sentirse perfectamente realizado en trabajos menores porque no necesita destacar. Acata órdenes con gusto, con la condición de que sean claras y concisas, aunque también sabe darlas, siempre que no se las cuestionen. Cuando alcanza un puesto de mando, saca a relucir todo su potencial y se convierte en un líder sólido, que crea grandes redes jerárquicas por debajo.

Cualquiera que sea su posición en el tablero de juego de la vida, este perfil es un genio en hacer lo que toca y cuando toca. No forzará cambio alguno mientras se encuentre en su zona de confort y sus expectativas estén cubiertas. No necesita nada más. Su bienestar se basa en cumplir con sus obligaciones y hacer las cosas bien, tal y como este perfil entiende que deben ser hechas. El precio que ha de pagar es que le cuesta mucho gestionar sus emociones y expresar lo que siente.

Tiene la virtud de aguantar mucho, porque sus ideales son fuertes y su moral es casi indestructible. Ahora bien, para su desarrollo, como veremos a continuación, necesitará gestionar todo el ser humano que es.

El desarrollo de Cuadrado

Para avanzar, este geniotipo debe asumir que sus capacidades son imprescindibles para la sociedad, pero debe cultivar la humildad necesaria para aceptar que siempre le quedarán cosas por aprender e integrar. Lo suyo es la gestión, pero para crecer necesita dejar ir un poco el control, así como delegar en terceros y aprender a confiar.

Andrew Carnegie, el emperador del acero que no sabía de acero, pero que hizo una fortuna mayor que la de los dos hombres más ricos de su tiempo, dijo que su secreto era rodearse de personas mejores que él. Esto no debería suponer un problema para Cuadrado, puesto que su propósito vital no es ser protagonista (esto podría darse como consecuencia), sino la buena gestión y hacer que las cosas funcionen de la mejor manera posible. Este geniotipo no necesita cambiar el mundo, sino gestionarlo o administrarlo.

Si yo proyectara una empresa, lo pondría de director general, sin dudarlo. Se entregaría al máximo y, si está comprometido con la causa, sé que sentiría la empresa como propia y la haría crecer. Cuando motivas a un Cuadrado, siempre te dará más de lo que esperas. En pensamiento y motivación, no lo gana nadie.

La convicción en una idea puede empujarle hasta lo más alto; por eso encontramos este geniotipo en algunos grandes líderes políticos. Sus ideas fijas hacen que puedan arrastrar a mucha gente, porque desde fuera dan mucha sensación de seguridad.

Son personalidades tan estrictas que, o estás con ellos, o estás contra ellos. Este es otro aspecto que mejorar para Cuadrado: entender que no hay aliados o enemigos, sino distintas posiciones, y todas ellas respetables. Cuando está insatisfecho, este geniotipo es gruñón e insaciable; y, cuando está satisfecho, lo percibiremos como alguien bonachón y de actitud relajada.

Lo que marcará la felicidad y el crecimiento de este geniotipo es atreverse a comprender y gestionar sus emociones y las de los demás. Un curso de inteligencia emocional, o como mínimo leer el libro homónimo de Daniel Goleman, puede ser un buen paso en este sentido. Para evolucionar, debe retarse a sí mismo, renunciar al pensamiento único y hacer el ejercicio de cuestionarse todo lo que piensa. Esto le ayudará a ganarse la simpatía de sus colaboradores y compañeros, mejorando al mismo tiempo su relación con padres, hijos, pareja y amigos.

Resumiendo, para que Cuadrado pueda desarrollarse como un ser humano completo, necesita:

- Encontrar un tipo de trabajo donde sus habilidades para seguir órdenes o darlas sean apreciadas. No es el tipo de persona para el departamento creativo de una empresa.
- Relacionarse con personas de mente estructurada, que no resulten desconcertantes para su visión estática del mundo.
- Asumir que la verdad absoluta no existe y que es mejor vivir en paz que tener razón. Comprender que todo son meras opiniones, incluidas las suyas propias, le puede ayudar en este tránsito.
- Ser valiente para empezar, poco a poco, a conocer y familiarizarse con el mundo de las emociones.

La tiranía del intelecto: la sombra de Cuadrado

Esta manera cuadriculada de ser puede llevar a este geniotipo a ser muy testarudo y poco resolutivo en situaciones de conflicto. Su rigidez le acarreará discusiones en muchos ámbitos de su vida personal, incluido el de la pareja, cuando las cosas no sucedan de la manera que ella o él desearía. Ese es su talón de Aquiles: le cuesta mucho ir más allá de los patrones que considera válidos, y le supone un gran esfuerzo aceptar que podría no tener razón.

La sombra de Cuadrado es justamente esta: resulta muy difícil de convencer y nunca da el brazo a torcer. En el marco de una negociación, si se está en una situación de ventaja, esta forma de ser es positiva, pero echará a perder muchas otras oportunidades en las que sea necesario el pacto y la conciliación. Para este perfil, abandonar su posición férrea significa asumir que está equivocado, y eso haría que su mundo se tambaleara. Esta limitación hace que, si cae en una depresión, tenga mal pronóstico. Le resultará difícil salir del pozo si su mundo mental se ha derrumbado.

Cuadrado vive a través del intelecto: todo lo que vive y percibe lo filtra a través de la mente. Necesita comprender las cosas desde la razón, y no desde el corazón, para sentirse seguro. El pensamiento lógico está siempre por encima de la inteligencia emocional —muy pocas veces este geniotipo se deja llevar por sus sentimientos—, y eso le provocará no pocos conflictos y malentendidos con los demás. Al no comprender el vacío emocional que le incomoda, persigue llenarlo con más y más materialidad, con ideas tangibles que fructifican, o con razonamientos que le aportan tranquilidad y sensación de control.

Si lo que siente entra en conflicto con su lógica, reprimirá o bloqueará la emoción, aunque eso le provoque infelicidad. En su estado más enfermo, Cuadrado puede volverse antisocial, obsesivo-compulsivo e incluso llegar a la paranoia, porque el mundo no está alineado con sus convicciones.

Algunos Cuadrados célebres

- **Ernesto «Che» Guevara**. De forma intuitiva quizá no lo relacionaríamos con este geniotipo, pero si examinamos con atención su vida y pensamiento, encaja perfectamente. Este héroe de la revolución cubana tenía una personalidad estricta y, de hecho, murió por sus ideales. Su lema vital, como hemos apuntado al inicio de este perfil, define a este geniotipo: «Hacer correctamente las cosas correctas».

- **Margaret Thatcher**. Apodada la Dama de Hierro, fue la primera mujer en asumir grandes responsabilidades en la política moderna, y lo hizo a lo largo de casi doce años como primera ministra del Reino Unido, en medio de grandes revueltas sociales. Su liderazgo férreo hizo que tomara decisiones tan impopulares como el *poll tax*, un tributo de igual importe independientemente de la renta del ciudadano. Esto provocó campañas de desobediencia civil y los disturbios más graves vividos en Londres en todo un siglo, lo que precipitó su caída del poder.
- **Louis Van Gaal**. Conocido por su famosa libreta, donde nadie sabía qué apuntaba durante los partidos, este mítico entrenador de fútbol era célebre por sus ideas inamovibles en cuanto a su sistema, así como por sus enfrentamientos con la prensa cuando los periodistas se atrevían a desafiarle. Su método cuadriculado cosechó bastantes éxitos, además de descubrir nuevos talentos.
- **Bill Gates**. Admirado y odiado a partes iguales, su gran mérito con Microsoft fue apropiarse de ideas que ya existían y gestionarlas para popularizar un sistema operativo que hoy utiliza más de medio planeta. Antes del estallido de la burbuja de las empresas punto com, ocupaba el décimo lugar entre las personas más ricas de la historia de la humanidad.

Test de reconocimiento

Elige una de las tres opciones para cada una de estas afirmaciones:

1. Cuando tomo una decisión, para mí es...
   a. Casi inamovible. Las cosas son como son, y punto.
   b. Una base sobre la que acepto hacer pequeñas modificaciones.
   c. Negociable, siempre que me den buenos argumentos.
2. Ante una tarea burocrática o administrativa...
   a. La asumo con buen ánimo, centrado solo en mi cometido.
   b. Puedo asumirla si es por un tiempo limitado, pero luego necesito cambiar.
   c. Me produce un tedio insoportable y pierdo la concentración.
3. Al recibir una orden...
   a. Hay que respetarla y trato de ejecutarla de la manera más fiel posible.
   b. La cuestiono si hay algo en ella que no encuentro razonable.
   c. Odio que me den órdenes.
4. Las emociones son para ti...
   a. Una montaña rusa que me puede dar vértigo. No dejo que intervengan en mis decisiones.
   b. Un componente importante en mi vida, juntamente con la razón.
   c. Mi brújula como ser humano.
5. Tu pareja se muestra muy en desacuerdo con algo que ya está decidido.

a. Trato de convencerla como sea.
b. Abro una discusión constructiva para llegar a un pacto.
c. La escucho con atención y sin juicios para poder comprenderla.

Cada «a» suma un 20 %, cada «b» un 10 % y la «c» es un 0 %, es decir, no computa. Suma todos tus resultados y sabrás qué porcentaje de Cuadrado tienes. Si es muy alto, puede que sea tu geniotipo.

3

ELIPSE

Creador de sueños

La figura geométrica que representa a este geniotipo puede recordarnos a una galaxia o incluso a un huevo —con ambos lados iguales—, que encarnarían el nacimiento y la expansión de la creatividad artística. La genialidad de Elipse es generar nuevas ideas y hacernos vibrar.

Este perfil es muy bello, a la vez que complejo de vivir. Necesita desplegar su talento para realizarse en una sociedad muy racional y pragmática. Elipse es un genio creativo imparable que, cuando está alineado con su corazón, puede dar paso a su artista interior. Encontramos este geniotipo en el pintor, el músico, el escritor, así como en el creativo publicitario, el inventor, el coreógrafo y el innovador en cualquier área.

Estas son sus capacidades naturales más destacadas:

- Es un incansable generador de ideas. Su estado natural es la ebullición creativa. Por eso a veces puede resultar agotador para personas que no se encuentren en su misma onda.

- Cuando está inspirado, inspira a su vez a los demás. Su fertilidad es contagiosa. Tiene la capacidad de conmover al mundo.
- Puede llegar a sentirse cómodo viviendo al margen del *establishment*, creando una burbuja en la que funciona su propio universo. Según su capacidad de conectar con las masas, a veces ese mundo alternativo acaba rompiendo barreras para convertirse en *mainstream*, como ha sucedido con algunas estrellas musicales.

Conciliar ambos mundos

Elipse se sentirá libre en todo lo que tenga que ver con la creatividad artística y la inspiración. Por lo tanto, nunca será mínimamente feliz con tipos de trabajo propios de Cuadrado. No puede sentirse limitado por papeles, oficinas, leyes y administración. No soporta vivir encorsetado en algo que no siente. Necesita libertad y trabajar a su aire el máximo tiempo posible. Con una típica tarea burocrática, no rendirá nunca como la empresa espera.

Sin embargo, esto no significa que sea irresponsable. Elipse puede ser muy eficaz cuando le apasiona lo que hace. Incluso es capaz de soportar situaciones poco cómodas y conformarse con unas condiciones materiales muy escasas para alcanzar su meta.

Esta dualidad es la gran batalla de Elipse: hacer compatibles los dos mundos en los que vive. Por un lado, necesita expresar su creatividad de manera libre. Por el otro, debe cubrir sus gastos, por pequeños que sean. Los creativos o artistas al principio no suelen ganar dinero. ¿Cómo conciliar, entonces, ambos mundos?

Un problema inicial con el que se encuentra este geniotipo es que, como lo que le gusta es cantar, bailar, ser músico o pintar, tiene que lidiar con la voz recurrente de los padres, que dicen: «Déjate de tonterías y estudia para ganarte la vida, que eso no da dinero». Y esto hace mella porque, además, no tenemos un sistema educativo pensado para que el alumno despliegue su arte y comparta su mundo interior.

Esta presión hace que muchos Elipses renuncien a su pasión para dedicarse a tareas que los mortifican. Su talento va quedando enterrado, a la vez que se apagan como velas, resignados a vivir una existencia anodina y llena de amargura por no haber hecho lo que sentían.

Volviendo a la conciliación de ambos mundos, para que este geniotipo pueda ir creciendo hasta poner su talento en el centro de su vida, y pueda llegar incluso a vivir de su genialidad, necesitará hacer varias cosas:

- Encontrar a un *sherpa*: Al principio de su andadura, puede sentirse solo e incomprendido, como un bicho raro. Para hallar su lugar en el mundo, le será útil contar con un mentor, alguien que ya haya recorrido la senda que se propone atravesar, y que le ayude a apartar obstáculos y alcanzar sus objetivos.
- Reducir sus necesidades: No se puede ser Elipse y estar condicionado por muchas obligaciones y gastos. Hasta que no alcance el éxito —pequeño o grande—, este geniotipo deberá aprender a llevar una vida minimalista, que le permita liberar tiempo para crear y desarrollarse.
- Buscar una base afín: Elipse no está hecho para los trabajos de gestión, pero sí puede ejercer un empleo relacionado con su mundo creativo. Por ejemplo, un escritor puede

ganar dinero como *copy* publicitario, traductor o profesor de escritura; un músico puede dar clases de su instrumento y, un artista, iniciar a niños o a principiantes en su disciplina.

El desarrollo de Elipse

Una de las virtudes de este geniotipo es que cree ciegamente en sí mismo y no renunciará a sus sueños, por mucho que otras personas le digan que no podrá hacerlos realidad. Si se rinde para ser uno más del montón, se apagará su luz.

El éxito para Elipse no tiene que ver con la abundancia económica sino con el hecho de sentirse realizado. Si su talento es muy grande, puede llegar a ser rico y famoso, pero ese no es el motor de su vida. Si yo soy bailarín, daré las gracias a la vida por poder dedicarme a ello, y si cubro mis necesidades con mi pasión, estaré más que satisfecho. Para que este geniotipo no se pierda, debe dejar de lado los resultados, los cantos de sirena de la fama y el dinero, y apostar por lo suyo con el único fin de lograr la felicidad.

Esta es la gran baza de Elipse: es muy difícil que se rinda cuando siente que tiene algo que aportar. Un claro ejemplo de ello fue Walt Disney. Este ilustrador fue despedido del periódico en el que trabajaba «por falta de imaginación», como escribió su jefe en una nota. Lleno de deudas y con casi treinta años, un día en un tren se le ocurrió dibujar un ratoncito. Tras crear su propia compañía, se convertiría en la persona con más premios Oscar de la historia, y llegaría incluso a comprar el periódico que le despidió.

En este caso, la fe en sí mismo y un talento descomunal se dieron de la mano, pero en otras ocasiones no es así, y ahí Elipse puede distorsionar la realidad y creer que, si no logra el éxito, es porque la vida es injusta o no ha tenido suerte, mientras que otros con menos talento sí lo han logrado. Este autoengaño es un juicio desde el ego, que puede llevarle a subestimar a los demás y a exagerar su propio don, con lo que pierde la perspectiva. Pero si logra dejar de lado las comparaciones y enfocarse en lo que ama hacer, independientemente del reconocimiento, será feliz.

Poder vivir de lo suyo, aunque sea humildemente, es para Elipse suficiente recompensa. Una vez comprendido que el éxito está en la satisfacción personal de crear, la vida para Elipse es plena y gratificante como la de muy pocos geniotipos. Con este espíritu, difícilmente se sentirá amedrentado ante nuevas posibilidades. Su arte o su inventiva podría superar los estándares de su época, o ir un paso por delante de lo políticamente correcto.

Cuando Elipse cumple con su propósito, que es generar sueños para iluminar la vida del resto de humanos, lo hace desde una creatividad que proviene del corazón, y jamás desde la mente, porque esta no puede crear algo nuevo, ya que opera desde lo conocido. Como decía Hitchcock, la imaginación es más importante que la lógica. Y esta es la grandeza de Elipse, que la inspiración del corazón rompe las barreras creadas por la mente.

Vértigo y desequilibrio: la sombra de Elipse

La adolescencia es un momento de gran inestabilidad para este geniotipo, cuando empieza a sentirse frustrado e incomprendido. En dicha época, corre el peligro de caer en una depresión o adicciones, al sentir que no encaja en el mundo «real».

En este contexto, pueden darse una serie de escenarios negativos:

- La lucha por seguir con unos estudios que no le motivan ni le aportan nada. Esto conlleva discusiones familiares y la búsqueda de la evasión.
- Asumir desde la mente que lo que siente el corazón no sirve para nada y que hay que vivir de cualquier otra cosa, aunque no sea lo suyo. Esto puede comportar la pérdida de identidad y es garantía de infelicidad. Desde el dolor, intenta resolver la vida práctica desde la necesidad, y no desde la abundancia. Busca trabajos para ir tirando, pero Elipse nunca se sentirá completo ni realizado de este modo.
- La infelicidad como resultado de no estar enamorado de la vida, de haberse resignado a la mediocridad, mientras que una vocecilla interna le dice que tiene mucho que aportar. En este escenario, y para salir del atolladero, a menudo Elipse se busca distracciones poco sanas y se sumerge en un túnel donde reina la oscuridad y el frío.

No hay nada peor para Elipse que perder el rumbo y dejar de saber qué ha venido a hacer al mundo. Levantarse todos los días para cumplir con obligaciones ajenas se convierte en una pesada carga. Tal resignación apaga el fuego de este geniotipo, que es pura magia e intensidad, y le arrastra a una existencia de insatisfacción, inseguridad y autodestrucción.

En su faceta sana, Elipse es mente y corazón a partes iguales. Pero ¿qué ocurre cuando su mente puede más que el corazón (a), o cuando su corazón puede más que la mente (b)? Veamos ambos desequilibrios:

- (a) Cuando la razón gobierna más que la inspiración, Elipse no puede conectar con su chispa mágica característica, y pierde su frescura. En el mundo del pop, eso se nota en grupos que ya no sorprenden, porque se han dejado guiar por imposiciones comerciales, o porque el creador se siente con la obligación de seguir produciendo, y la creación se ha convertido en una mera rutina y ha perdido su carácter genuino. El resultado ya no es auténtico y fresco. Aplicado a la vida cotidiana, este geniotipo se marchita. Crear le es tan necesario como el aire que respira, y si no lo consigue, se hundirá en la más absoluta tristeza. Cuando esto ocurre, es necesario que encuentre algo en su vida que le ayude a reconectar con la fuente de inspiración. Ha de juntarse con otras Elipses, formarse en algo nuevo, retirarse a meditar, buscar su musa o hacer cualquier cosa para que su talento creativo vuelva a fluir.
- (b) En el otro extremo, cuando la inspiración vence a la razón, aparece el creador genial, pero desubicado del mundo, considerado tal vez un excéntrico. Estos creativos son incapaces de adaptarse a la sociedad, porque tienen más Cielo que Tierra. Beethoven quería aprender todas las normas de la música, para romperlas a la hora de crear. Renunciar a la mente y a la razón, para dejarse llevar solo por la inspiración, puede hacer de Elipse un inadaptado en una sociedad gobernada por lo previsible. Si este fuera el caso, Elipse sería tachado de loco, por muy genuino y genial que fuera.

En su versión más decadente, Elipse puede castigarse de dos modos contrapuestos: perdiéndose en la monotonía, el resentimiento y la autocompasión, o bien entregarse al desenfreno, dejarse llevar por los excesos y arrastrar, sin pretenderlo, a otras personas en esa vorágine.

Algunos Elipses célebres

- **Miguel Ángel**. Llamado por sus contemporáneos el Divino, fue toda una *celebrity* en el siglo XVI, hasta el punto de que se publicaron dos biografías sobre él en vida. Bajo el mecenazgo de los Médici y del papado, se dedicó a crear sin límites, con una sorprendente y completa amplitud de miras, a lo largo de más de setenta años, partiendo de una refinada y expresiva técnica escultórica, para también cultivar la pintura más preciosista (recordemos los impresionantes frescos de la bóveda de la Capilla Sixtina en el Vaticano) y, finalmente, adentrarse en la arquitectura, con proyectos como la Basílica de San Pedro y los Museos Capitolinos en Roma, o la Sacristía Vieja de la Basílica de San Lorenzo en Florencia.
- **Salvador Dalí**. El pintor más exitoso del Surrealismo, encarnó como nadie el arquetipo de Elipse excéntrico. Aparecía en público con una tortilla francesa colgando del bolsillo a modo de pañuelo y, más allá de su arte, era un maestro a la hora de venderse y captar la atención del público. Una de sus frases más célebres fue: «La única diferencia entre un loco y yo es que yo no estoy loco».
- **J. K. Rowling**. Su vida es un claro ejemplo de los padecimientos que puede sufrir Elipse antes de llegar a su meta. Tras separarse del padre de su hija, se sumió en una fuerte depresión, e incluso llegó a pensar en el suicidio. La

historia de Harry Potter se le ocurrió en un tren (como le sucedió a Walt Disney con su famoso ratón) de Manchester a Londres que, por problemas técnicos, se retrasó cuatro horas. Escribió el primer volumen de la saga en diferentes pubs y cafés, mientras vivía del subsidio por desempleo. Con una fe incombustible en su talento, para poder crear tenía que esperar a los ratos en los que su hija pequeña dormía.

- **Quincy Jones**. Desde sus primeros pasos como trompetista y arreglista de jazz siendo aún un adolescente, hasta el mentor visionario que definiría la carrera en solitario de Michael Jackson, pasando por la coproducción del álbum *Thriller*, el más vendido de la historia de la música, Jones es quizá uno de los artistas más influyentes del último siglo. Es un ejemplo de Elipse, que ha sabido triunfar en varios campos creativos, ya que no solo destaca como músico (con tres discos de culto en el mundo del jazz) y productor, sino que también lo hace como arreglista, compositor, director de *big bands* y alto ejecutivo discográfico. Entre sus obras, podemos señalar las bandas sonoras (que, en total, fueron las de 33 películas) para los filmes *El prestamista* (Sidney Lumet), *El color púrpura* (Steven Spielberg) o *La huida* (Sam Peckinpah), así como las producciones para Frank Sinatra, Lena Horne, Tony Bennett o Sarah Vaughan. Nominado 79 veces a los premios Grammy, tiene en su haber 28 de esta distinción, Tony y Emmy Awards, siete nominaciones a los Oscars y numerosos doctorados honoris causa otorgados por varias universidades. Sigue manteniendo viva su curiosidad ayudando a descubrir jóvenes músicos.

Test de reconocimiento

Elige una de las tres opciones para cada una de estas afirmaciones:

1. Cuando te dicen que hay que «tener los pies en la tierra», piensas que...
    a. Un poco de locura de vez en cuando no viene mal.
    b. Quien lo dice es incapaz de volar. No le haces ni caso.
    c. Tienen razón. Hay que ser realista.
2. Al sumergirte en una actividad artística...
    a. Descubres cosas interesantes, aunque no te sientes un genio.
    b. Fluyes absolutamente con la experiencia. Desaparece el tiempo y el espacio.
    c. Lo haces forzado. Estás fuera de tu zona de confort.
3. Trabajar de abogado o de gestor, se te antoja...
    a. Aburrido, pero con el tiempo puedes acabar cogiéndole el gusto.
    b. Una verdadera pesadilla.
    c. Satisfactorio, si buscas la excelencia y pones tus cinco sentidos en ello.
4. En un caso extremo, serías capaz de morir por...
    a. Una buena causa, si con ello mejora el mundo.
    b. La imaginación y la libertad absolutas.
    c. Un acto de responsabilidad.
5. Cuando acudes a un concierto o a una exposición, muchas veces...
    a. Logras olvidarte de los problemas cotidianos durante un rato.

b. Sientes placer y curiosidad, pero prefieres ser tú quien crea.
c. Te aburres. Deseas salir poco después de haber entrado.

Cada «a» suma un 10 %, cada «b» un 20 % y la «c» es un 0 %, es decir, no computa. Suma todos tus resultados y sabrás qué porcentaje de Elipse tienes. Si es muy alto, puede que sea tu geniotipo.

4

TRIÁNGULO

El arte de la venta y la empatía

El geniotipo representado por el Triángulo tiene bien afilado el instinto comercial, tanto si nos ofrece un producto como si nos comunica algo para el bien del mundo: su propósito es vender, ya sea un artículo, un servicio o una idea.

Este perfil es genial por su capacidad de adaptación, por eso siempre está en el lugar justo y en el momento adecuado. Es intuitivo, listo y ávido: sabe encontrar oportunidades donde otros no las ven. De ahí su gran facilidad para crear negocios y empresas.

Es el geniotipo del agente comercial, del jefe de marketing, del mánager, del negociador o del orador motivacional, e incluso, de muchos políticos. Tiene inteligencia emocional y social para llegar fácilmente a los demás y lograr su objetivo.

Algunas de sus habilidades más notables son las siguientes:

- Es optimista por naturaleza, así que donde otros ven limitaciones, Triángulo ve posibilidades. No tiene barreras mentales para lograr sus objetivos y la palabra *imposible* no forma parte de su vocabulario.

- Su actitud es perseverante: no le importa esforzarse si con ello puede alcanzar un objetivo de envergadura. Su determinación es un factor clave para su éxito.
- Posee empatía para entender a quien tiene delante. Esto le permite ser seductor y encontrar la manera adecuada de convencer. Esa es su gran ventaja como comercial. Este don, mal utilizado, puede convertirle en un manipulador por su extrema facilidad para darle la vuelta a las cosas.

El valor de la asertividad

Triángulo necesita tener la certeza de que su talento es imprescindible para que una actividad, servicio o producto llegue lo más lejos posible. Las grandes empresas no pueden desarrollarse sin una buena comunicación y comercialización. Un buen vendedor puede llegar a colocar un producto muy modesto, mientras que un buen producto puede fracasar si no está bien vendido.

Tomaré como ejemplo lo sucedido durante las elecciones del Fútbol Club Barcelona en el año 2000 y en el 2003. Lluís Bassat, director de la empresa de publicidad más poderosa del momento, se presentó las dos veces como candidato para ser presidente. Siendo favorito, uno de los mejores publicistas de nuestra época no supo vender bien su mensaje y perdió las elecciones en ambas ocasiones. Tal vez su rival estaba más convencido de que su visión era indispensable para el club, y eso le otorgó la ventaja.

Cuando Triángulo tiene esa seguridad y ese propósito, no necesita siquiera el reconocimiento exterior. Si cree en lo que ofrece al mundo, aunque empiece desde muy abajo, puede llegar hasta lo más alto. Además, no puede ejercer su labor solo a cambio de un sueldo a final de mes. Si Triángulo no tiene pasión, su vida se vuelve cansina y monótona.

El gran valor de este geniotipo es la asertividad: su capacidad de comunicar y defender sus propios derechos e ideas de manera adecuada, respetando los de los demás. Esta aptitud permite a Triángulo comunicar su punto de vista o su mensaje, sin caer en la pasividad ni la agresividad. Para ser asertivo, el don de palabra es esencial, y la comunicación de este geniotipo será más efectiva si asume que lo que hace es imprescindible para que el resto del mundo pueda seguir girando, y no es solo un medio para pagar facturas a final de mes.

Un estudio reciente revela que el 55 % de una venta depende de la confianza que sabe transmitir el vendedor, y que la capacidad de generar confianza se asienta en la integridad y la honestidad. Esta capacidad hará que Triángulo pueda darle la vuelta a cualquier situación, lo que le convierte en un gran negociador.

El arte de la negociación exige observar las necesidades reales de la persona que tienes delante, además de cultivar una mente abierta para ver opciones donde otros no las ven. Esto implica sumar creatividad a la estrategia y la asertividad de la que estamos hablando. Si hacemos las cosas siempre del mismo modo, aburriremos a nuestro público y también a nosotros mismos.

El mejor vendedor es aquel que siempre está innovando su discurso y el que habla desde la empatía con su cliente, escuchando y atendiendo a sus necesidades, de un ser humano a otro.

El desarrollo de Triángulo

Para que este geniotipo pueda desplegar todo su talento, necesita encontrar un producto, servicio o idea que esté afinado con el vendedor que lleva dentro. Su valor es más importante que la cosa en sí misma. Cuando se identifica con el significado de lo que pretende «vender», de su interior brota una fuerza enorme que le lleva a la excelencia, ya que trabaja desde la autoestima, la confianza y la empatía.

Triángulo crece cuando huye del prototipo de vendedor que vemos en *Muerte de un viajante*, de Arthur Miller, el comercial que trata de progresar en la vida sin tener unos principios éticos. Veamos un fragmento de esta obra de teatro, que recibió el Pulitzer en 1949:

> Willy (pensativo): Trabaja uno toda la vida para comprar una casa y cuando, por fin, la casa es tuya... no hay quien viva en ella.
>
> Linda: ¿Y qué le vas a hacer? Así son las cosas. Y la vida sigue su camino.
>
> Willy: No tiene por qué ser así. Algunas gentes... algunas gentes consiguen algo... Logran algo de la vida.

Si quiere brillar en todo su esplendor, esto último es lo que Triángulo necesita hacer: romper con la imagen del comercial a comisión y sin alma, y empezar a hacer las cosas desde el propósito. El poder de Triángulo no es cumplir objetivos comerciales, sino mejorar la sociedad, dándole aquello que requiere. Por eso necesita creer en el valor de lo que ofrece. Para ello debe actuar desde el corazón, lejos de la avaricia y la manipulación del vendedor al uso. Su trabajo no puede ser solo una opción para sacarse un sueldo, porque si su misión no es auténtica, si no nace de su interior, le acabará desgastando y desmotivando, y se convertirá en una persona gris, cansada y resignada.

Ser un buen comercial es un don innato, y nace del entusiasmo por lo que se quiere vender. No tiene nada que ver con un trabajo a porcentaje en el que se vende lo que sea por desesperación. Aunque a veces pueda parecerlo, no todos los comerciales son empleados que intentan sobrevivir con un salario ajustado. Un comercial de pura raza, marca la diferencia porque trabaja desde la grandeza. En este sentido, Triángulo puede ser un gran publicista, un director de campaña electoral, un buen agente inmobiliario o un mago de los negocios que sabe detectar nuevas oportunidades.

Lo que le distingue del resto es su originalidad y empatía, atributos que nacen del corazón y que harán llegar lejos a este geniotipo. Por este motivo, Triángulo, en su máxima expresión, es capaz de crear empresas que cambien el mundo. Jeff Bezos y Jack Ma son dos ejemplos de eso: dos empresarios con autoconfianza y empeño, que supieron ver las necesidades de la sociedad. El primero creó Amazon y, el segundo, Alibaba.

La manipulación del superviviente: la sombra de Triángulo

En su dimensión negativa, cuando Triángulo se dedica a vender por vender, su mente utiliza toda clase de herramientas para su propio beneficio, sin tener en cuenta al prójimo.

Ciertamente, este geniotipo posee una enorme capacidad de supervivencia y, cuando actúa desde su sombra y lo único que importa es vender por vender, su capacidad negociadora y su buen talante son sustituidos por la manipulación, la astucia, la mentira, la picaresca y el deshonor.

Desde tal posición, Triángulo genera desconfianza desde el principio, y los demás reaccionarán con pensamientos como: «A ver qué me quiere vender este ahora». Y es que el *marketing* de resultados inmediatos, el de «te hago una visita de demostración para luego venderte otra cosa», se basa en el abuso de confianza y la estrategia de manipulación.

Algunos Triángulos célebres

- **Cristóbal Colón**. Este navegante y explorador necesitó tener mucha capacidad comercial en su época para lograr que financiaran un proyecto que la mayoría consideraba descabellado. Tras ser rechazado por la casa real portuguesa, consiguió vender su idea de abrir una ruta comercial a la Corona de Castilla. Por su periplo, y aunque no imaginaba que el destino sería el continente americano en vez de Asia, vemos que la llegada a América solo podía realizarla un Triángulo.
- **Dale Carnegie**. Nacido en Misuri en 1888 e hijo de un granjero pobre, cuando era adolescente, Dale Carnegie se levantaba a las tres de la madrugada para ordeñar a las vacas. Aun así, logró completar su educación. Vendió cursos por correspondencia a rancheros y fue comercial de beicon, jabón y manteca antes de estudiar arte dramático en Nueva York. Dio clases de oratoria y escribió el clásico *Cómo ganar amigos e influir sobre las personas*. Siete décadas después de su muerte, su método se sigue enseñando en todo el mundo.
- **Steve Jobs**. El cofundador e ideólogo de Apple supo asociarse siempre con gente de talento, pero su gran don era la venta. Sus presentaciones de nuevos productos eran

tan míticas que se han escrito libros sobre ellas. Tenía una actitud visionaria y sabía adelantarse a los hechos. Como él dice: «La gente no sabe lo que quiere, hasta que uno se lo muestra». Conferenciante de primera, su charla para los estudiantes de la Universidad de Stanford se considera todo un hito de la era YouTube.

- **Mary Kay**. Considerada la comercial por excelencia, Mary Kay pasó de vender enciclopedias a liderar a 500.000 consultoras de belleza, que siguen ofreciendo sus productos con el entusiasmo y *savoir faire* de su fundadora, que falleció en 2001. Era una experta en motivación y su consejo para lograr ventas era hacer que la otra persona se sintiera importante: «Si halagas a los demás siempre que puedas, verás que responden como la planta sedienta responde al agua».

Test de reconocimiento

Elige una de las tres opciones para cada una de estas afirmaciones:

1. Si, por tu trabajo, tienes que explicar en público un producto o un servicio...
   a. Te sientes cohibido y te invade el síndrome del impostor.
   b. Si te sientes identificado, lo haces desde la pasión y el entusiasmo.
   c. Necesitas prepararte para no estar nervioso.
2. Cuando te enfrentas a un reto que implica lograr algo nuevo, tu actitud vital es de...
   a. Ansiedad: hasta que no haya pasado, no estarás tranquilo.

b. Euforia: te encantan los desafíos.
c. Prudencia: no te amilanas, pero tampoco hay que echar las campanas al vuelo.

3. Al charlar con alguien con valores muy distintos a los tuyos...
   a. Te sientes francamente incómodo.
   b. Sabes ponerte en su lugar y ver las cosas desde su punto de vista. No te cuesta congeniar.
   c. Eres diplomático: intentas que la conversación sea correcta y agradable.
4. Para ti el dinero es...
   a. Un mal necesario. Ojalá no hiciera falta pagar las facturas a final de mes.
   b. Una gran motivación: forma parte de la vida y es un indicador de que estás haciendo las cosas bien.
   c. Un medio de intercambio. Hay que darle la importancia justa.
5. En tu opinión, los grandes vendedores...
   a. Se aprovechan de la ingenuidad de la gente para sacar provecho.
   b. Pueden transformar la sociedad.
   c. Hacen simplemente su trabajo a cambio de una compensación económica.

Cada «a» suma un 0%, cada «b» un 20% y la «c» es un 10%. Suma todos tus resultados y sabrás qué porcentaje de Triángulo tienes. Si es muy alto, puede que sea tu geniotipo.

5

CÍRCULO

Amor incondicional

Este geniotipo está encarnado por el círculo, como el amor que todo lo comprende y que, a su vez, no deja nunca de girar para abrazarlo todo. El propósito de Círculo es amar sin límites, con la paradoja de que esa energía universal alcanza a todos, pero raramente a sí mismo.

En su don lleva su penitencia, ya que esta fuente inagotable de amor suele padecer baja autoestima. Se siente permanentemente en deuda con los demás y con el mundo.

Este geniotipo es tan especial que no tiene una profesión definida, aunque es propio de los cooperantes y misioneros, de los asistentes sociales, de muchos sanitarios, de algunos líderes espirituales y de impulsores de fundaciones o de ONG. Pero si lo siente, Círculo puede desarrollar cualquier actividad con una condición: debe crear su propia forma de ejercerla. Esa es su genialidad.

Todos los seres humanos poseemos unas cualidades extraordinarias, pero Círculo tiene el talento de hacer realidad cosas que al resto de la humanidad le parecen imposibles. Su esencia está conectada a la fuente y, por lo tanto, puede llegar al origen y crear lo que no existe. Eso es lo que le permite realizarse: crear algo que nazca desde su corazón para mejorar la vida de los demás, y así cambiar el mundo. No hablo de grandes inventos, sino de la revolución de lo pequeño y cotidiano, que es absolutamente necesaria. Sin embargo, cuando el miedo le impide desplegar su creatividad intuitiva, sueña con misiones, pero trabaja en tareas que no cumplen con su propósito.

De entre muchas de sus capacidades innatas, sobresalen las siguientes:

- La bondad indiscriminada. Círculo no solo cuida y beneficia a los amigos y allegados, sino que su corazón abarca a la humanidad entera. El amor incondicional es su motor.
- Puede vivir los puntos de vista ajenos como si fueran propios, como hacía el maestro hindú Ramana Maharshi. Una vez le preguntaron cómo deberíamos tratar a los demás; su respuesta fue: «No existen los demás».
- Su magia es tal que para este geniotipo no existen los imposibles. Ha venido a este mundo a cambiarlo desde el corazón. Círculo ayuda desde la distancia corta, pero, al mismo tiempo, es capaz de generar una revolución.

No seas un felpudo

Su profunda empatía y su fuente inagotable de amor hace de este geniotipo el más «divino» de todos. Pero, al mismo tiempo, es el que más sufre. Cuando no comprende su talento, la baja autoestima se convierte en su talón de Aquiles, porque asume el dolor del prójimo como propio y se hace suya la responsabilidad de aliviarlo.

Círculo siempre está salvando a los demás. Lo más curioso, sin embargo, es que, pese a tener ese poder, este geniotipo a menudo cree que vale poco. No se siente especial y su motor es la deuda que cree tener con el mundo. En este sentido, este perfil es más de dar que de recibir. No suele reclamar nada para sí mismo porque su misión está al servicio de los demás. Si en una familia hay algún miembro que padezca una enfermedad grave, Círculo será el encargado de cuidarlo, y lo antepondrá a sus propias necesidades. No va a pedir ayuda a sus hermanos para tener unos días libres o vacaciones cuando las necesite. A menudo, sus dos frases favoritas son: «Yo he venido al mundo a servir» o «Es que me sabe mal».

Muchas veces, Círculo hace algo con buena intención, pero se vuelve en su contra porque los demás lo malinterpretan y piensan que quiere obtener algún beneficio oculto. Es un perfil de doble riesgo, en el sentido de que, además de lo anterior, son propensos a que los demás se aprovechen de su adicción a complacer.

En su libro *Dar y recibir*, el psicólogo Adam Grant denomina «felpudos» a este tipo de personas que aceptan este rol que estamos describiendo. La generosidad de estas personas es tan incondicional, que los demás la dan por hecha, y las usan como la alfombrilla que tenemos todos en la puerta de entrada.

Esta versión no empoderada de Círculo, que veremos más adelante en este capítulo, le genera un gran desgaste e infelicidad. En su estado saludable, en cambio, es un genio todo corazón, capaz de comprender a todo el mundo y de transformar el mundo con su inteligencia innata.

Quiero confesar algo personal: cada vez que reconozco a una persona con este geniotipo en mi programa de «Desarrollo personal de tu geniotipo», me emociono. Por suerte, la vida ha puesto en mi camino a numerosos Círculos y, aunque muchos se sienten insignificantes, me resulta difícil no dejarme intimidar por su grandeza. Y utilizo la palabra *intimidar* en un sentido estrictamente positivo. Ahora, cuando tengo a un Círculo delante, siempre le digo lo mismo: «Si te vieras con mis ojos, comprenderías la envidia sana que siento por tu superpoder».

Círculo es el guardián del amor incondicional. ¿Cómo es posible que, poseyendo todo ese poder, pueda sentirse insignificante y piense que no vale nada? ¿Qué hemos hecho como sociedad para que estos seres humanos maravillosos no puedan expresar su talento? ¿En qué momento el ser humano ha decidido priorizar lo que piensa por encima de lo que siente?

Mientras sigamos descartando el amor como forma de vida, jamás alcanzaremos la felicidad y la plena realización. Hay parejas que se aman y, desde lo racional, dudan de si les conviene estar juntos.

Para Círculo es innato comprender la vida desde el amor. Siente tal compasión por los demás que pone su amor y su vida a su disposición. La clave para un desarrollo sano de este geniotipo es que pueda cumplir su misión sin renunciar a sus propias necesidades, aplicando el autocuidado en el día a día. Un ejemplo de ello está en las mascarillas de oxígeno del avión. En caso de pérdida de presión, cuando saltan las mascarillas, las instrucciones son que primero debes ponértela tú para poder ayudar a la persona que tienes junto a ti.

En el campo del amor, un aforismo del psicólogo y sexólogo Antoni Bolinches lo explica así: «El secreto de un buen matrimonio es casarse con el otro sin divorciarse de uno mismo». Lo mismo se podría aplicar a cualquier ámbito en el que se mueva Círculo. Es bueno atender las necesidades de los demás, siempre y cuando tengas las tuyas cubiertas. De hecho, se trata de una especie de egoísmo positivo, ya que, al cuidarse y respetarse, Círculo estará en condiciones de atender mucho mejor a los demás. Es un *Win-Win* en toda regla.

Resumiendo, para su sano desarrollo, Círculo necesita hacer dos cosas:

- Reconocer su grandeza y sentirse orgulloso (sin vanidad) de todo lo que entrega al mundo.
- Amarse a sí mismo. Atender a sus propias necesidades, por su bien y por el del mundo.

Un caso de libro: Nelson Mandela

Estoy convencido de que muchas de las personas que leéis este libro os sentiréis muy identificadas con este geniotipo. Por eso, quiero dedicarle un pequeño apartado más, antes de llegar a su sombra. Voy a exponer el caso de Nelson Mandela, uno de los ejemplos de Círculo más grandes de la historia. Era tal la comprensión de cuál era su esencia, que siguió su corazón de forma inconcebible para los demás.

Después de veintisiete años encarcelado, y habiendo pasado la mejor parte de su vida entre rejas, cualquier Homo sapiens sapiens «mentaloide» habría reaccionado con rencor y odio. Sin embargo, Mandela comprendió que la única forma de cambiar las cosas era a través de la reconciliación. Como arma, utilizó el amor y, como fuerza, la palabra, articulando mensajes tan radicales como «El amor es nuestra naturaleza, el miedo es nuestra creación». Esta frase de Mandela contenía un mensaje para toda la humanidad: lo contrario del amor es el miedo.

Y es que Mandela, cuando salió de la cárcel, fue al campo de batalla con un arma de transformación masiva: la compasión. Asumió que la única diferencia entre un blanco y un negro es el juicio. Se compadecía de los que le habían tenido encarcelado que, corrompidos por la educación de su época, entendía que eran tan víctimas como él.

La compasión es el gran talento oculto de Círculo, y si lo extrae desde el fondo de su alma, es imparable. Cuenta con la gran ventaja de no saber odiar. No le sale. (Atención: no confundir el odio con la rabia o ira puntuales.)

El victimismo y «pobre de mí»: la sombra de Círculo

Para Círculo el miedo es su criptonita, porque desactiva su superpoder: el amor incondicional. En esa situación, este geniotipo deja de estar completo y equilibrado, ya que lo que le hace auténtico ha sido anestesiado.

Ante la gestión del día a día, cuando Círculo adopta por imitación una conducta de tipo mental, se siente inferior e insignificante, porque ha renunciado de forma inconsciente a sus habilidades, lo cual merma su autoestima.

Este geniotipo solo puede cumplir su propósito de vida desde lo que siente, y para ello las corazonadas son esenciales en su toma de decisiones. Cuando, condicionado por una sociedad anclada en lo mental y anulada emocionalmente, Círculo se va alejando de su intuición, entonces se pierde. Y su manera de hallar algo de sentido en su vida es servir a los demás y, junto con ello, abandonar el autocuidado. Y aunque lo hace con todo su corazón, esta vía le va a implicar no pocos sinsabores.

Siempre recordaré a una mujer que acudió a mi consulta. Me dijo que había pensado en el suicidio. Tenía sesenta años y se había pasado media vida sola y cuidando de sus padres, y ahora se sentía vacía y no tenía ilusión por nada. Sin embargo, en el transcurso de una meditación de mi programa de autoconocimiento a través del geniotipo, empezó a ver colores y animales por todos lados, y a sentir vida y amor. Entonces, exclamó: «¡Tony, ya he encontrado mi propósito vital! Siempre he querido tener una casita en la montaña, con animales que yo cuide y un huerto para dar de comer y ayudar a gente que no tenga un hogar». Había reencontrado el poder del Círculo. Y es que, a pesar de haber estado toda su vida cuidando de otras personas, el sueño de esta mujer era seguir haciéndolo, pero desde un hogar que crearía ella misma. Este es el tipo de visión creativa intuitiva e incondicional característica de Círculo, que cambia el mundo facilitando la vida a los demás. Por eso, un Círculo debe comprender que su don es infinito y que no puede perder nunca la fe en sí mismo. Hay una frase de Alejandro Jodorowsky que encaja perfectamente con esto: «Los pájaros nacidos en jaula piensan que volar es una enfermedad».

Aunque volar suele ser, en muchos casos, otro de los grandes pecados de este geniotipo. Puro aire que nunca concreta nada. Por eso necesita una reinterpretación de su *mindset*, para materializar su talento creativo altruista.

Si este geniotipo no encuentra su camino a casa, su sombra puede conducirle al victimismo que, según James Redfield, autor de *Las nueve revelaciones*, es una manera enfermiza de apoderarse de la energía de los demás. Este perfil se basa en una conducta que se muestra desvalida, indefensa y sufridora, y que reclama una compensación por todo lo que ha hecho, con lo cual ya no se trata de un amor incondicional, sino narcisista, puesto que una gran oferta de amor puede esconder una gran demanda de este. Y es que, en su estado de sombra, este geniotipo se vuelve resentido y manipulador. Como apunta Redfield, una persona que nos cuenta continuamente las cosas horribles que le ocurren haciéndonos sentir culpables aunque no tengamos nada que ver y exigiendo nuestra ayuda, lo que está haciendo en realidad es intentar manipularnos.

El antídoto a esta conducta victimista es seguir lo que dicta su corazón, que es el origen de la creatividad, de donde surge y desde donde traspasa las fronteras de la mente. Si el don de Círculo es el amor incondicional, la creatividad intuitiva e incondicional es su sustento, porque posee el hilo de Ariadna que une el corazón con la consciencia.

Algunos Círculos célebres

- **Charles Chaplin**. Un claro ejemplo de Círculo es el actor que interpretó al popular personaje de Charlot. En medio de dos guerras mundiales, decidió proporcionar una bocanada de aire fresco a la humanidad creando un personaje entrañable, lleno de humor y de amor. Llevó la risa y la sonrisa a una época de llanto. Y ese propósito vino acompañado de prosperidad económica, ya que fue el actor de sus tiempos que recibió traspasos más suculentos al pasar de una productora a otra. Esta riqueza financiera era una consecuencia de la riqueza que aportó a la humanidad.

- **Gandhi**. Este es otro ser humano que se ganó el cielo, pero desde la resistencia pacífica. Como líder de los movimientos para la independencia de la India, aplicó el *ahimsa*, la no violencia, como forma de vida sin renunciar a la desobediencia civil. Rabindranath Tagore le dio el sobrenombre de Mahatma, que significa «gran alma». Además de inspirar a millones de personas y de protestar con sus huelgas de hambre, impulsó iniciativas civiles como la marcha de la sal, una acción contra los impuestos con los que los colonizadores grababan este producto de uso esencial para los indios. Gandhi y miles de seguidores caminaron trescientos kilómetros hasta la costa del Índico. Allí, el líder recogió con sus manos un poco de sal y pronunció sus históricas palabras: «Pueden quebrar mi puño, pero la sal no se devuelve».
- **Martin Luther King**. Este pastor, icono de los derechos civiles de los afroamericanos, es otro ejemplo de Círculo combativo, movido desde el amor. Promovió el boicot contra compañías de autobuses que ejercían segregación racial, y lideró la mítica marcha de 1963, en Washington, al final de la cual pronunció sus célebres palabras: «Tengo un sueño». En 1964, recibió el Premio Nobel de la Paz y, ese mismo año, la mayor parte de los derechos que reclamaba fueron aprobados por ley. Asesinado cuatro años después, su figura sigue siendo un faro para todos los idealistas que sueñan con hacer del nuestro un mundo mejor.
- **Teresa de Calcuta**. Agnes Gonxha Bojaxhiu dedicó más de cuarenta y cinco años de su vida a atender a pobres,

huérfanos y moribundos en Calcuta, y después llevó su orden a otras partes del mundo. Distinguida también con el Nobel de la Paz, era consciente del poder de Círculo en cualquier ámbito de actuación. Como ella misma dijo, «No siempre podemos hacer grandes cosas, pero sí podemos hacer cosas pequeñas con gran amor». En la misma línea de pensamiento, declaró que «A veces sentimos que lo que hacemos es tan solo una gota en el mar, pero el mar sería menos si le faltara esa gota».

Test de reconocimiento

Elige una de las tres opciones para cada una de estas afirmaciones:

1. Cuando alguien de tu entorno tiene un problema...
   a. Puede que acuda a ti para contártelo.
   b. No te elegirá de confidente; no eres un paño de lágrimas.
   c. Te lo haces tuyo. Contactas enseguida con él o ella para que te lo cuente.
2. En una cena o reunión, si sois dos y queda sobre la mesa un solo trozo de pastel que te gusta mucho...
   a. Haces dos mitades.
   b. Si el otro no toma la iniciativa de cogerlo, devoras tú el trozo.
   c. Se lo ofreces, aunque puedas quedarte sin él.
3. Cuando tomas consciencia del sufrimiento que hay en el mundo...
   a. Lo relativizas: hay mucho que arreglar, pero también hay cosas buenas.

b. Apartas ese pensamiento de tu mente y te centras en ti.
c. Te angustias y sientes que deberías hacer más.

4. Lo que opinen los demás de ti...
   a. Tomo nota, pero son solo opiniones.
   b. Me importa un rábano.
   c. Influye de forma muy importante en cómo me siento.
5. En cuanto a tus miedos...
   a. Solo me afectan cuando me enfrento a algo grave.
   b. Muy raramente temo a nada.
   c. Son parte de mi vida cotidiana. Están siempre ahí.

Cada «a» suma un 10 %, cada «b» un 0 % y la «c» es un 20 %. Suma todos tus resultados y sabrás qué porcentaje de Círculo tienes. Si es muy alto, puede que sea tu geniotipo.

6

RECTÁNGULO

Esfuerzo y constancia

La figura geométrica que identifica a este geniotipo indica que su talento está muy asentado en la tierra. Tiene el don del pragmatismo: no se complica la vida, a la vez que por la labor que desempeña, se la facilita al resto de las personas.

El propósito de Rectángulo es el trabajo pesado, a través de la constancia y la austeridad. Su manera de entender la vida le convierte en un trabajador excelente para obedecer órdenes y hacer tareas repetitivas o minuciosas, como las que realizan obreros, mecánicos, campesinos, agricultores, pescadores, ganaderos o transportistas. En general, este geniotipo representa a trabajadores de cualquier ámbito que lleven una existencia simple, con rigor y felicidad.

De entre sus recursos, destacan los siguientes:

- El valor del esfuerzo. Si tiene claro cuál es su cometido y está bien dirigido, Rectángulo es capaz de erigir una catedral. Uno de sus dones es seguir adelante cuando otros desfallecen.

- La constancia. Quizá no es reconocido por sus geniales ideas, pero su capacidad de perseverar le llevará mucho más lejos que otros genios más disruptivos. En la fábula atribuida a Esopo, Rectángulo sería la tortuga que gana la carrera a la liebre.
- Puede entregarse a tareas repetitivas sin desfallecer ni plantearse ir más allá de eso, realizando trabajos que no motivan a la mayoría de la gente.
- Sabe ser austero, lo cual supone una gran ventaja en tiempos de crisis. Como decía Francisco de Asís: «Necesito poco, y lo poco que necesito, lo necesito poco».

La felicidad de lo simple

Rectángulo no se preocupa por cosas muy trascendentales, porque está conforme con lo que hace y esto le aporta suficiente satisfacción, y no necesita ir más allá de lo que ya tiene. Al ser un geniotipo básicamente mental tiene las ideas muy claras, pero no busca imponerlas: no necesita que su verdad sea asumida por otros. Le basta con ser dueño de la suya propia.

Puede abrirse a nuevas ideas si se las argumentan, pero Rectángulo no se interesa por el mundo de lo abstracto, y lo único que le preocupa es lo que requiere el día de hoy y cumplir con sus obligaciones.

Físicamente, a veces puede ser corpulento e intimidar, pero su esencia es bondadosa y noble.

La grandeza de este geniotipo es que su aspiración no es la de destacar, sino que es feliz con lo que tiene y con lo que hace. Por ello, nunca ocupará un alto cargo político o militar, ni será un directivo (le falta la astucia que esto implica), pero bajo el lema de no complicarse la vida, siempre descansará muy bien por las noches. Cuando se le presenta un contratiempo, lo afronta de forma práctica, y su mentalidad trabajadora, acomodada y cortoplacista le protege muchas veces de la ansiedad y la depresión profunda, porque está muy convencido de lo que piensa y lo asume con practicidad y sin estridencias.

En general, a Rectángulo no se le caen los anillos y se adapta fácilmente a cualquier circunstancia. Es un tipo de perfil imprescindible para que la humanidad funcione correctamente. Además, su espíritu austero es minimalista y perfectamente capaz de adoptar lo que postula el *Manifiesto de reducción de marcha* de Tracey Smith, todo un referente del *downshifting*, que se basa en las siguientes dos claves que esta autora explica así:

- **Dinero.** El equilibrio se basa en vivir con los ingresos que se tienen. En la enfermiza cultura del vivir a crédito, cuanto más gastamos, más debemos trabajar para cubrir la deuda. Y esos cientos, miles de horas, son nuestra vida. Al fin y al cabo, lo mejor de nuestra vida es gratis. Para una relación saludable con el dinero, no podemos gastar por encima de lo que tenemos.
- **Tiempo.** ¿Para qué quieres acumular ceros en tu cuenta bancaria, propiedades y servicios si no tienes tiempo para usarlos? No hay divisa que tenga más valor que el tiempo que nos ha sido regalado para vivir y compartir con las personas que amamos.

Este geniotipo se encuentra muy a gusto dentro de su zona de confort, donde despliega todo su pragmatismo y capacidad de esfuerzo. Por eso mismo, si desea crecer, deberá cruzar la frontera y adentrarse en terreno desconocido.

Al principio, si hace esto, puede que sienta miedo y se arrepienta de haber salido de su burbuja. Pero si se queda el tiempo suficiente, le sorprenderá descubrir cuántas cosas se estaba perdiendo. Como el protagonista de *El show de Truman*, la película protagonizada por Jim Carrey e inspirada en una novela de Philip K. Dick, acabará teniendo la sensación de que su vida anterior estaba dirigida a satisfacer a «la audiencia».

Es perfectamente normal que no se atreva a dar el salto de golpe, pero hay pequeñas acciones que puede ir realizando para ampliar su mundo. Algunas de ellas son:

- Leer un libro de un autor o sobre un tema que le resulte desconocido.
- Aprender a tocar un instrumento o iniciarse en un idioma; hacer algo que le atraiga pero que, hasta el momento, nunca había pensado que fuera con él.
- Frecuentar a personas fuera de su círculo habitual de amistades.

En resumen: si Rectángulo hace algo que nunca haría, sus líneas rígidas empezarán a abrirse a nuevos ámbitos que lo enriquecerán y aportarán magia a su vida.

La monotonía de la comodidad: la sombra de Rectángulo

Tal y como indica su figura, el gran riesgo de Rectángulo es quedarse encerrado en un marco rígido, en un universo tan pequeño que en él solo existan el trabajo y las obligaciones. En esta religión de la monotonía operan mantras como «La vida es así», «Qué quieres, hay que trabajar» o «Esto es lo que hay», como si solo se pudiera progresar a base de suerte, sudor y lágrimas.

Si a su lado tiene a una persona creativa, la sombra que proyecta Rectángulo puede apagar también su luz y arrastrarla a su pequeño universo de trabajo monótono y resignación.

Este aspecto negativo de Rectángulo puede hacer que se pierda y desaproveche su vida. Darse cuenta de que hay vida fuera de sus cuatro paredes es el antídoto contra este peligro.

Algunos Rectángulos

Por definición, los rectángulos no son célebres, ya que su austeridad y discreción raramente los lleva a esta condición. Sin embargo, pondré dos ejemplos para comprender su excelencia.

- **Los artesanos del Taj Mahal**. Más de veinte mil personas trabajaron, durante cinco años, en el edificio más bello jamás creado. Albañiles, canteros, calígrafos, carpinteros... Una legión de Rectángulos erigieron este bello mausoleo con constancia y amor por el trabajo bien hecho. Su labor fue tan extraordinaria que, cuenta la leyenda, el emperador mogol que lo había encargado mandó cortar las manos de los artesanos, una vez terminada la obra, para que no pudieran repetir esta maravilla en ningún otro lugar.

- **Elzeard Bouffier**. No es un personaje real, pero muchos lectores así lo creyeron al leer el siglo pasado *El hombre que plantaba árboles*, escrito por Jean Giono. Narra la historia de un pastor que, tras quedar viudo, se propone convertir un valle desértico en un frondoso bosque con su único esfuerzo. A lo largo de los años, va haciendo agujeros con su bastón para dejar caer las bellotas que lleva en su bolsillo. Se trata de una bella historia que demuestra el gran poder de Rectángulo cuando consagra su talento a una buena causa.

Test de reconocimiento

Elige una de las tres opciones para cada una de estas afirmaciones:

1. El trabajo para ti es...
   a. El argumento principal de la vida, aunque algunos miren hacia otro lado. Es lo que hay.
   b. Solo una parte de la existencia: hay que equilibrarlo con el ocio y el descanso.
   c. Un mal que, si se puede, hay que evitar.
2. Lo que se consigue con esfuerzo...
   a. Es lo más valioso de la vida.
   b. No siempre vale la energía que le hemos dedicado.
   c. Solo puede salir mal.

3. Cuando te dan una orden aparentemente absurda...
   a. La llevo a cabo, es mi obligación.
   b. La cuestiono para tratar de entenderla.
   c. Hago lo posible por no obedecerla.
4. Cuando te sobra un poco de dinero...
   a. Lo ahorro de inmediato. Nunca se sabe cuándo te va a hacer falta.
   b. Ahorro una parte y con la otra me doy un capricho.
   c. Lo gasto en algo que me guste. La vida es para vivirla.
5. Mi mayor satisfacción, al terminar el día, es...
   a. Haber cumplido con lo que tenía que hacer.
   b. Ver que he encontrado el punto de equilibrio entre las necesidades de los demás y las mías.
   c. Haberlo vivido a mi manera.

Cada «a» suma un 20 %, cada «b» un 10 % y la «c» es un 0 %. Suma todos tus resultados y sabrás qué porcentaje de Rectángulo tienes. Si es muy alto, puede que sea tu geniotipo.

7

PENTÁGONO

Cuidar y sanar

La figura geométrica que encarna a este geniotipo fue adoptada por los seguidores de Pitágoras, en el siglo VI a. C., para simbolizar la salud. No es extraño, por lo tanto, que el propósito de Pentágono sea el de curar a los demás o mejorar su vida a través de mejoras técnicas y avances en la ciencia.

Este es el geniotipo propio de los médicos, terapeutas y sanadores, así como el de los científicos, inventores e investigadores de todo tipo. Se da en personas con una gran empatía hacia los problemas de los demás que, a su vez, muestran una fuerza de voluntad y una curiosidad insaciables. Pentágono siempre busca respuestas imaginando e investigando otras opciones posibles, porque es muy consciente de que aún falta mucho por descubrir.

De entre las capacidades inherentes a este geniotipo, podemos destacar las siguientes:

- Su compasión hacia los demás y sus dificultades. Justamente esto hace que Pentágono sea proactivo y busque siempre nuevas soluciones. Su vocación de auxiliar al mundo lo convierte en superhéroe.

- Espíritu visionario. Pentágono no se conforma con el conocimiento existente, sino que quiere ir siempre más allá, aunque pueda ser tachado de loco.
- Equilibrio dinámico entre corazón y mente. Eso se traduce en que Pentágono es un ser humano de gran riqueza interior, porque al combinar lo racional con lo intuitivo, posee una visión de la vida abierta a nuevos paradigmas.

Vocación, compasión y pasión

Una de las características de Pentágono es que es vocacional. Uno no se hace cirujano, astronauta o científico por capricho. Es un propósito que se lleva en el ADN. Hay muchos niños que, a muy temprana edad, quieren ser médicos y lo acaban siendo. No hay duda de que Pentágono, a pesar de su poderoso componente mental, suele seguir siempre lo que su emoción le dicta, lo que siente.

Este geniotipo se dedica a cuidar y a mimar al resto de gente, para mejorar su calidad de vida en todos los aspectos. Se preocupa por la existencia humana y su confort, lo cual revela que es un faro de compasión. Canaliza su genialidad a través de la pasión, donde mente y corazón trabajan juntos. Por su aspecto intelectual, Pentágono siempre podrá argumentar eficazmente su punto de vista, pero al mismo tiempo su mentalidad está abierta a nuevas posibilidades. Y esa es la forma mediante la cual florece este geniotipo: con su fluctuación entre ambos polos, despliega todo su potencial, lo cual le permite avanzarse al futuro.

¿Cómo logró Albert Einstein, hace casi un siglo, descubrir

cosas que hoy en día aún estamos tratando de comprender? O, si retrocedemos un poco más, ¿cómo podía Leonardo da Vinci imaginar y construir máquinas para volar, seiscientos años antes de que se inventaran? La respuesta, en ambos casos, es que en su corazón intuían esa posibilidad como real. El conocimiento, la técnica o los materiales de la época quizá no les permitieron demostrar sus ideas pero, en su imaginación, no había límites. Este es uno de los dones más valiosos de Pentágono.

Su fuego le permite entregarse con plena dedicación, sin horarios ni límites. Buenos ejemplos de ello han sido los sanitarios durante la crisis de la COVID-19, o personas como el médico y científico español Santiago Ramón y Cajal y su pasión por la investigación. Para Pentágono, las horas empleadas nunca son demasiadas si se trata de desarrollar su talento. Lo vemos cuando los médicos doblan turno, en operaciones quirúrgicas que duran muchas más horas de las previstas, o en científicos que tienen algo apasionante entre manos: se olvidan de sus necesidades mundanas, haciendo de la propia actividad el centro de su universo. Cuando este geniotipo entra en ignición, se olvida de comer o de descansar.

Pentágono posee la fascinación del arqueólogo que descubre unos restos que cuentan una nueva historia, donde los demás solo vemos piedras. Por eso, este geniotipo solo se puede entender desde la pasión, que moviliza todo su talento, lo que le hace sentirse realizado y pleno.

El desarrollo de Pentágono

Para la óptima evolución de este geniotipo es necesario que preserve el equilibrio entre corazón y mente a partes iguales, de modo que la mente pueda preguntar qué más puede encontrarse detrás de lo evidente, y que el corazón pueda crear opciones para llegar al cielo.

Por ejemplo, el intelecto no puede afirmar completamente que existe vida extraterrestre, porque no se ha podido demostrar. Sin embargo, el corazón intuye que es posible, lo que explica la existencia de proyectos como el SETI, el programa de búsqueda de inteligencia extraterrestre, al que se ha dedicado una cantidad ingente de talento y recursos.

Y es que, para su buen desarrollo, Pentágono necesita siempre innovar y romper moldes. Muchas veces, en la conciencia de este genio existen cosas que el resto de mortales tardaremos en ver. Como decía Julio Verne, «Cualquier cosa que un ser humano pueda imaginar, otro ser humano la puede hacer realidad». Así funciona la mente de Pentágono, y lo podemos ver en varios ejemplos: Bell anticipó el teléfono; Edison, la bombilla (y el cine), entre otras cosas; los hermanos Wright, el aeroplano; Fleming, la penicilina; Sigmund Freud, el psicoanálisis; Rutherford, el núcleo atómico; Lise Meitner, la fusión nuclear; Hawking, los agujeros negros, etc. También tenemos ejemplos menos trascendentales, pero igual de imprescindibles como Logie Baird y la televisión, Melitta Bentz y el primer filtro de café, Baldwin y la calculadora, o Konrad Zuse y la primera computadora.

El proceso empieza con la consciencia de que eso ya existe, aunque los demás no puedan verlo. El átomo siempre estuvo ahí, los agujeros negros siempre estuvieron ahí..., pero la limitación mental no permitía distinguirlos. La genialidad de Pentágono está justamente en hacerlo visible y posible, y para ello necesita que la intuición y la razón vayan de la mano. Una corazonada le indica una dirección, y su conocimiento racional le permite realizar el resto del camino. Cuando está compensado y equilibrado, este geniotipo no tiene problemas para gestionar las cosas de la vida, ya que tiene suficiente inteligencia emocional para aportar soluciones a sus próximos retos, siempre que no caiga en la trampa de la intelectualidad y la prepotencia.

Es bastante común heredar el talento de otro Pentágono. Muchos hijos de médicos también lo son, por ejemplo. Pero este movimiento debe darse voluntariamente, desde la admiración al progenitor, y no desde la imposición de este último. Un Pentágono saludable sabe ganarse la admiración de los demás sin esfuerzo, porque es un ser que posee una gran riqueza y que es capaz de comprender los entresijos de la vida, así como de desvelar el misterio de las grandes y pequeñas cosas del día a día.

Para su desarrollo y el de sus hijos, un Pentágono no puede obligar a otros a ser como él, como una imposición o como una regla, pues justamente el propósito de vida de este geniotipo es romper las reglas.

Desatención de la vida: la sombra de Pentágono

Además de la trampa de la intelectualidad, que lo puede volver rígido y arrogante, cuando este perfil se deja llevar por la pasión desbordada puede llegar a desconectarse de la vida. Es necesario cierto orden para formar parte del progreso, y una existencia caótica, en la que la obsesión por el trabajo anule todas las otras facetas de la vida, acabará perjudicando el rendimiento y el equilibrio de este geniotipo. Encontrar la armonía entre su pasión y unos hábitos saludables en su vida cotidiana es uno de sus desafíos más grandes.

Por esta razón, a Pentágono le resulta muy útil tener a su lado a una persona pragmática que le recuerde que debe tener los pies en la tierra, como veremos en el apartado de relaciones. Cuando este geniotipo se entrega a su causa plenamente, sin un horario de comidas y descanso, el desorden puede alejarle de sus seres queridos, y su pasión se puede convertir en obsesión.

Además, alcanzar un equilibrio es imprescindible porque, de otro modo, por un lado, la pasión le conduce al caos y, por otro, el intelecto le lleva a la soberbia, lo cual le cierra puertas para descubrir los misterios de la vida y encontrar mejores maneras de cuidar a los demás. La arrogancia o la obsesión por ganar cada vez más reconocimiento genera un talante egocéntrico, prepotente, déspota y autoritario. Cegado por su intelectualidad y por su forma de entender la vida, Pentágono en esta faceta negativa, causará mucho dolor, insatisfacción y sufrimiento, tanto en su vida como en la de las personas que le rodean, porque estará lejos de cumplir su verdadero propósito: facilitar la vida a los demás.

Algunos Pentágonos célebres

- **Leonardo da Vinci**. Este investigador multidisciplinar es uno de los Pentágonos más geniales de la historia. No solo dominaba las artes plásticas, sino que como inventor diseñó proyectos que anticipaban el carro de combate, el submarino o incluso el helicóptero. Muchos artilugios no pudieron construirse en su época, pero la historia ha demostrado que sus ideas eran acertadas.
- **Marie Curie**. Fue la primera persona en recibir dos premios Nobel en dos categorías distintas (física y química). Sus investigaciones pioneras en radiología supusieron un

avance exponencial para la medicina. Murió a los sesenta y seis años debido a la radiación a la que se exponía diariamente, pero, como dijo ella misma, «La mejor vida no es la más larga, sino la más rica en buenas acciones».

- **Nikola Tesla**. Genio incomprendido donde los haya, sus invenciones no tenían fin, y se avanzó incluso a la actual tecnología de internet. Creó la primera radio aunque, tras un misterioso incendio en su laboratorio, la patente fue presentada por Marconi. El control remoto fue otra de sus decenas de propuestas técnicas que se han hecho realidad en la actualidad.
- **Albert Einstein**. Sus célebres fotografías con el pelo alborotado expresan la esencia de la genialidad, en su caso, de tipo Pentágono. Pese a su gran pasión por el violín, se le conoce por alumbrar teorías sobre la física impensables para su época, como la de la relatividad. Y lo más asombroso de todo es que cambió el curso de la ciencia escribiendo artículos mientras ejercía de chupatintas en una oficina de patentes suiza.

Test de reconocimiento

Elige una de las tres opciones para cada una de estas afirmaciones:

1. Las cosas son como son...
   a. Algunas veces sin remedio, pero a veces existen otras opciones.
   b. Por mucho que nos empeñemos en que sean distintas.
   c. Hasta que se demuestre lo contrario.

2. Tu propósito en la vida ocupa...
   a. Una parte de la jornada; la otra la dedico a mi vida personal.
   b. No tengo un propósito especial en la vida.
   c. Todo mi tiempo, pero no me cuesta esfuerzo alguno. Es mi pasión.
3. Cuando haces algo que te interesa...
   a. Fluyo feliz con la tarea hasta que me canso y salgo de ella.
   b. Le dedico el tiempo justo.
   c. Siento que me absorbe como un agujero negro. No puedo, ni quiero, salir.
4. Si oyes que algo no existe o es imposible...
   a. Lo tomo como una verdad provisional. Quizá más adelante se pruebe lo contrario.
   b. Suelo creer a los que lo afirman, porque deben saber por qué lo dicen.
   c. Lo cuestiono. Me entran ganas de demostrar todo lo contrario.
5. En cuanto a tus necesidades corporales (comer, descansar, aseo)...
   a. Intento mantener buenos hábitos, pero no siempre lo consigo.
   b. Las atiendo como prioridad para estar bien.
   c. Son relativas y en ocasiones menos importantes que lo que estoy haciendo.

Cada «a» suma un 10 %, cada «b» un 0 % y la «c» es un 20 %. Suma todos tus resultados y sabrás qué porcentaje de Pentágono tienes. Si es muy alto, puede que sea tu geniotipo.

8

ROMBO

Abrazar lo trascendente

La figura geométrica que representa a este geniotipo se compone de dos triángulos: uno mirando hacia arriba y otro mirando hacia abajo. Esta es la esencia de Rombo: lo que es arriba, es abajo, la unión de cielo e infierno, vida y muerte.

El propósito de Rombo es conectar estos extremos, y ayudar a los demás a realizar o a comprender este tránsito. Esto no significa que este perfil sienta placer con lo trágico, sino que posee el don de comprender que la vida es un ciclo, y que para realizar nuestro último viaje nos hace falta más amor que nunca. Por lo tanto, todo el potencial de Rombo reside en el corazón y no en la mente.

Mientras que el ser humano tiene tendencia a huir de aquellas emociones que no comprende, Rombo nos las pone delante para que las reconozcamos. Uno de los grandes dones de este geniotipo es que comprende la rabia, la ira, el odio, y demás sentimientos, porque no los teme, y es capaz de mirarlos de frente, sin miedo ni rechazo.

Para mí, este es el geniotipo más fascinante de todos, y pertenece a quienes nos acompañan en nuestro último viaje, a las personas que se ocupan de lo trascendente o de lo esotérico, a médiums y videntes, a algunos artistas y a terapeutas de cuidados paliativos.

De entre sus capacidades especiales, observamos las siguientes:

- Una poderosa compasión para acompañar a otros a lugares donde reina el dolor, el miedo o la incertidumbre.
- Su comprensión de los rincones más oscuros y desconocidos del alma humana. Sea desde el arte o como facilitador, Rombo alumbra zonas que otros no se atreven a mirar.
- Capacidad para percibir lo que hay más allá de lo visible. Su ancho de banda es mucho más sensible que el del resto de la humanidad.
- Sabe encontrar belleza en lo que para otros no es bello.

Un niño distinto

Este geniotipo tiene una evolución difícil en las primeras fases de la vida, ya que desde su más tierna infancia respira, ve y capta cosas que pasan desapercibidas para los demás. Esta sensibilidad será la gran lucha de Rombo. Se dará cuenta muy pronto de que es diferente y, por ello, guardará sus percepciones en su interior para no convertirse en el hazmerreír del grupo.

Al proteger su intimidad a tan temprana edad, Rombo no es consciente de que también reprime el talento que lo hace único entre los demás: su capacidad de ver más allá de lo evidente. Por eso, si los padres no son conscientes de las facultades extraordinarias de Rombo y no le acompañan en el desarrollo de su potencial, se perderá en su mente y librará una gran batalla interna entre lo que siente y lo que le han dicho que no puede ser. Si no gestiona su don de forma amorosa y ordenada, puede caer en los temores de la superstición y ver más cosas de las que realmente hay.

Un ejemplo claro de esto son las personas obsesionadas con rituales de todo tipo (tocar madera, salir de la cama con determinado pie, etc.) para que su vida funcione, y que pueden acabar desarrollando un TOC (Trastorno Obsesivo Compulsivo). Al situar el poder fuera de sí mismo, Rombo se desempodera. Es muy bello poner incienso o velas para hacer una meditación o como parte de nuestros ritos personales. El problema es cuando hay una interpretación extraordinaria de que todo lo que sucede tiene que ver con un mal de ojo, envidias, celos, ancestros por sanar o conjuros de cualquier tipo. En estos casos, su capacidad para ver más allá de lo evidente se entremezcla con la mente, que al intentar darle un enfoque lógico a lo que no lo es, ve cosas donde no las hay.

Aparte de este problema, Rombo cuenta con una gran ventaja sobre el resto de las personas. Y es que, a pesar de que muchas veces es tratado de bicho raro, en realidad los raros son los demás por temerle a la muerte, que forma también parte del ciclo de la vida.

El tabú de la muerte en nuestra cultura hace que la formación del niño Rombo sea dificultosa y traumática, y eso puede desembocar en una pubertad llena de incomprensión, melancolía y soledad.

Al no poder compartir fácilmente lo que vive y siente (su fascinación y atracción por la noche, lo oscuro y tenebroso, o el más allá), puede que Rombo se sienta atraído por lo macabro y siniestro. No obstante, si conoce y asume su don, lo vivirá con sana naturalidad: se dará el placer de pasear, estudiar o leer en cementerios, se interesará por el arte más secreto o por la poesía y el mundo gótico. Puede que le gusten la ropa negra y los tatuajes de calaveras, las películas y novelas de terror, las ferias relacionadas con el ocultismo, lo esotérico o la brujería, etc. La misión de este geniotipo es proyectar su don a la humanidad, en vez de encerrarse en su cripta.

El desarrollo de Rombo

Este es un geniotipo extremadamente creativo y sensible, con la particularidad de que lo siente todo a un nivel muy profundo. Lo más importante para el desarrollo de este perfil es tener libertad y confianza en sí mismo: libertad para poder escuchar a su corazón, percibir y crear; y confianza para aceptar su don y entregarlo al mundo.

Las creaciones de Rombo buscan una estética y una belleza poco usual, pero cuando son elevadas a un género popular, son recibidas como obras maestras. Por ejemplo, las obras de Stephen King, las películas de Tim Burton o, anteriormente, la novela *Drácula*, de Bram Stoker, se consideran joyas, porque nos ayudan a comprender toda la profundidad y complejidad que habita en nosotros. Además de recrear realidades ocultas o de hacer de barquero entre dos orillas, Rombo puede convertirse en un excelente psicólogo o psiquiatra, capaz de adentrarse en los laberintos de la mente. Como hemos dicho, necesita autoestima para comprender que sus habilidades son sumamente importantes para el resto de seres humanos. Rombo puede acompañar en los momentos más dolorosos y ayudarnos a encontrar el camino de vuelta cuando nos sentimos muy perdidos. En procesos de desintoxicación resulta muy útil, porque se ha sentido atraído por los excesos y puede ayudar a otros a dejarlos. En el campo de la medicina, son los mejores forenses y, en el de la enfermería, eligen los cuidados paliativos para acompañar a los pacientes en el tramo final de sus vidas.

Tengo un familiar que trabaja en un centro de mayores y, cuando una persona fallece, le gusta quedarse una hora o dos a su lado, hablándole y cuidándola. Parece raro, ¿no? Eso es Rombo en estado puro. Esta es su genialidad.

En su estado sano y desarrollado, este geniotipo sabe acompañar en momentos de dolor, que el resto de personas suelen rehuir. Y eso solo lo puede hacer desde el más alto grado de amor que existe: la compasión. La influencia de Rombo es infinita porque su mente le aporta conocimiento, y el corazón, trascendencia, que es el gran don de este geniotipo. Y como seguramente ha sido un ser incomprendido y, en ocasiones, incluso marginado, desde su experiencia puede comprender las situaciones más difíciles y ayudar a los demás a superarlas. Si Rombo no pone en práctica la trascendencia que lo caracteriza, no se sentirá realizado.

En mi primer libro, *Los secretos para dejar de sufrir*, describía el caso de una enfermera a la que le gustaba su trabajo, pero había algo que no acababa de encajarle. Luego, descubrió que era Rombo, y reconocerse en este geniotipo le supuso un alivio, porque pensaba que estaba loca por sentirse atraída por los enfermos terminales. Pero ahora, al conocer su geniotipo, había decidido convertirse en enfermera de cuidados paliativos, y así poder compartir y manifestar todo su talento. Me decía, en broma: «Tony, qué feliz me siento entre los muertos».

Para su desarrollo, Rombo debe comprender que sus habilidades son extraordinarias, y no sentirse raro, ni pensar que está loco. Su amor es silencioso, profundo y compasivo.

Dificultad para encajar: la sombra de Rombo

Rombo es uno de los geniotipos que más sufren la falta de educación emocional que impera en nuestro sistema actual, lo que hace que se aíslen antes de ser rechazados, convirtiéndolos en personas muy mentales, cuando no lo son. En muchas de mis sesiones, he podido comprobar que este perfil suele pensar que en su cabeza algo no funciona bien, porque le atrae la muerte o lo trascendente. Cuando no toma conciencia de su don, en la mente de este geniotipo pueden aparecer imágenes morbosas de cadáveres, asesinatos o torturas. Esto no significa que esté enfermo, sino que aún no ha encontrado la manera de canalizar su don.

Y ahí reside uno de los mayores problemas psicológicos de Rombo: hasta que no tome conciencia de su talento, intentará luchar contra sus pensamientos oscuros, y recordemos lo que decía Carl Gustav Jung sobre esto: «Lo que aceptas te transforma; lo que niegas te somete». En casos extremos, esto podría llevarle a pensar en la peor solución. En tal tesitura, le será de gran ayuda la intervención de un Rombo experimentado, que le ayude a manejar su don, en lugar de dejarse llevar por la autodestrucción. De hecho, la esencia de este geniotipo es trascender la muerte, y lo logra a través de su valentía, creatividad y amor.

- **Bela Lugosi**. Su nombre húngaro de nacimiento era Blaskó Béla Ferenc Dezső, y se hizo famoso por interpretar en repetidas ocasiones el papel del conde Drácula. Se cuenta que era tal la identificación que sentía con este personaje, que incluso dormía dentro de un ataúd. Tras morir en Los Ángeles, en 1956, fue enterrado por su familia vestido de vampiro. La leyenda dice que, antes de cubrir de tierra el ataúd, vieron salir de la fosa a un murciélago.
- **Elisabeth Kübler-Ross**. Esta psiquiatra suizo-estadounidense consagró su vida a acompañar a moribundos. Sus experiencias la llevaron a escribir clásicos como *La muerte: un amanecer*. A ella debemos, entre otras cosas, la definición de las cinco etapas del duelo: negación, ira, negociación, depresión y aceptación. Pese a haber hecho del tránsito a la muerte su propósito, era una mujer profundamente vitalista. En sus propias palabras: «Vive de tal forma que al mirar hacia atrás no lamentes haber desperdiciado la existencia. Vive de tal forma que no lamentes las cosas que has hecho, ni desees haber actuado de otra manera. Vive con sinceridad y plenamente. Vive».
- **Madame Blavatsky**. Pionera del ocultismo tal y como lo entendemos hoy, esta rusa nacida en 1831 se adentró en territorios que nadie se había atrevido a visitar. Además de fundar la Sociedad Teosófica, publicó obras fundacionales del esoterismo como *Isis sin velo* y *La doctrina secreta*. Es autora de reflexiones tan inquietantes como la siguiente: «La mente es el gran destructor de lo real. Destruya el discípulo al destructor».

- **Stephen King**. Sin duda alguna, el autor de narrativa de terror más genial de la actualidad, cuyo nombre ha sonado muchas veces para el Nobel. Además de haber publicado más de sesenta novelas, algunas de estas han sido adaptadas cinematográficamente y han resultado en películas tan célebres como *Carrie*, *El resplandor* o *Misery*. Como Rombo bien desarrollado que es, ha sabido explicar para todos los públicos los parajes más oscuros del alma humana. Anticipó la pandemia de la COVID-19 con su novela *The Stand*, publicada en 1978. Además, esta frase es suya: «Cuando encuentras algo en lo que eres realmente talentoso, haces esa cosa hasta que tus dedos sangren o tus ojos salgan expulsados de tu cabeza». No puede haber una definición más Rombo del talento.

Test de reconocimiento

Elige una de las tres opciones para cada una de estas afirmaciones:

1. La ropa de color negro...
   a. Es la que me pongo de forma casi exclusiva.
   b. No me desagrada en absoluto.
   c. No suele gustarme. Prefiero llevar algo de color.
2. Para mí la muerte es...
   a. Hermana de la vida. Me parece de lo más natural.
   b. Un hecho que llegará, pero que sea lo más tarde posible.
   c. Algo en lo que no me gusta pensar.

3. Cuando ponen una película de terror...
   a. La disfruto si está bien hecha, independientemente de lo fuerte que sea.
   b. Solo la veo si me la recomiendan mucho.
   c. Cambio de canal o no la veo.
4. Tengo facilidad para intuir emociones en los demás...
   a. Sí, se me da bien captarlas.
   b. Me cuesta. A veces no sé interpretarlas.
   c. Para nada, no tengo intuición.
5. Sobre el sentido de la vida...
   a. No es simple. No todo es lo que se ve.
   b. Se encuentra a lo largo del camino.
   c. Es la propia vida: cada día es un regalo.

Cada «a» suma un 20 %, cada «b» un 10 % y la «c» es un 0 %. Suma todos tus resultados y sabrás qué porcentaje de Rombo tienes. Si es muy alto, puede que sea tu geniotipo.

9

ESTRELLA

Talento superlativo

Para los hebreos, la figura que representa al último geniotipo simbolizaba la verdad, y la denominaban el Sello de Salomón. En la antigua Grecia, la estrella de cinco puntas se llamaba *pentalpha*, por estar compuesta de cinco ases, que expresan la excelencia.

Esta es la marca del genio innato y, haciendo honor a su símbolo, su propósito en la vida es brillar con luz propia. Pero, cuidado, porque se puede ser una Estrella y acabar estrellado. Dependiendo de la gestión que haga de su talento, puede terminar como un juguete roto o iluminar al mundo.

En cualquier caso, la misión como ser humano de Estrella es dejar huella y convertirse en referente universal. Entre sus capacidades, podemos destacar las siguientes:

- Su gran facilidad por desarrollar su talento hace que, aparentemente, nada le cueste. Fluye de manera tan armónica con su genio, que da la impresión (y así es) de que haya nacido para hacer eso.

- Irradia luz a su alrededor y tiene el don de disipar las sombras del estado de ánimo de los demás. Es un verdadero faro de ilusión humana.
- Cuando trabaja en un grupo, hace que los demás sean mejores. Su inmenso talento dispara las capacidades de aquellos con los que interactúa para conseguir un fin común. Una muestra de ello serían las grandes estrellas del deporte o del rock.

Al otro lado del miedo

Haciendo honor a su nombre, este geniotipo nace con su poderosa luz incorporada.

Son aquellos niños prodigio que no tienen que hacer ningún esfuerzo para encontrar su talento, porque lo muestran nada más nacer.

Por lo tanto, su propósito surge de manera natural a muy temprana edad. Sin embargo, ironías de la vida, muchas veces a Estrella no le resulta nada fácil el camino hacia el éxito, porque debe luchar con personas de su entorno que tratan de convencerlos de que no sirven para nada. Veamos algunos ejemplos que han pasado a la historia:

- Isaac Newton fue expulsado de la escuela, con una nota para sus padres donde se los informaba de que el escaso talento de su hijo solo le permitiría trabajar en una granja.
- Fred Astaire, en una de sus primeras pruebas en el mundo del espectáculo, obtuvo como evaluación: «No sabe cantar, está bastante calvo, pero quizá pueda bailar».
- Steven Spielberg fue rechazado tres veces por la Univer-

sidad del Sur de California de Artes Cinematográficas, que no apreció en el candidato capacidad suficiente para estudiar en el centro.

- Oprah Winfrey, la reina de los medios de comunicación en Estados Unidos, fue despedida de su primer empleo en un canal de Baltimore al considerarse que su imagen no era «adecuada para la televisión».

En sus inicios, la vida de las Estrellas está llena de situaciones así, y es raro que ocurra lo contrario. Para llegar al éxito, la mayoría tuvieron que superar numerosos fracasos y frustraciones, pero nunca perdieron de vista su talento. Como dijo el conferenciante y escritor Jack Canfield, «Todo lo que deseas se encuentra al otro lado del miedo».

El desarrollo de Estrella

Esta última frase nos da una importante clave para que este geniotipo pueda brillar. En algún momento de su proceso, Estrella tendrá que encenderse, digan lo que digan los demás. Un bello ejemplo de esto es el caso del futbolista Iker Casillas quien, en su documental *Colgar las alas*, cuenta que a los dieciséis años ganó un campeonato en las categorías inferiores de la Selección. Al llegar a la escuela al día siguiente, la maestra hizo aplaudir a toda la clase para felicitarle. Acto seguido, cortó el aplauso y le dijo a Casillas: «Todo esto está muy bien, pero no da de comer». Muestras de este tipo de incomprensión por parte de personajes castradores son una constante en la edad temprana de Estrella. Pero llega un momento en el que su luz es tan fulgurante que nadie se atreve a negarla.

Aunque no sucede en todos los casos, es bastante común que este geniotipo tenga una relación dura y complicada con su entorno: el mismo Iker Casillas ha descrito el mal ambiente familiar, y qué decir de Freddie Mercury o Michael Jackson. La familia, y el padre más concretamente en estos ejemplos, fueron un obstáculo que superar: o bien la familia no creía ciegamente en su talento (como el padre de Freddie Mercury) o, en el extremo contrario, querían explotar su don para beneficiarse de él (el caso del padre de Michael Jackson).

Estas situaciones hacen que el geniotipo Estrella se sienta solo y busque compañías que muchas veces no son las mejores para él. Un ejemplo de ello fue la vida que llevaba Maradona en su mansión de Pedralbes, cuando jugaba en el Fútbol Club Barcelona. Algunos periodistas que pudieron entrar en su casa dijeron que había entre veinte y veinticinco personas (amigos, primos, la novia, etc.) viviendo allí como parásitos.

Para su sano desarrollo, el principal desafío que deberá superar este niño prodigio será detectar a los buitres y alejarse de ellos. Su luz es tan evidente que todos ven una oportunidad en ella. Por eso, más allá de desplegar sus alas, Estrella debe cultivar una mirada crítica sobre su entorno y centrarse en su talento, protegiéndose de los aduladores que quieren vivir a su costa.

Soledad y destrucción: la sombra de Estrella

El talento de Estrella puede llevarle, en un tiempo relativamente corto, al éxito rotundo y a una abundancia económica desorbitada. ¿Y quién está emocionalmente preparado para eso? ¿Cómo gestionar el influjo en la personalidad de la constante idolatría? Hay geniotipos Estrella, como Justin Bieber, que acaban ahogados por la presión constante del público, hasta caer en una profunda depresión.

El ser humano deposita en este geniotipo todas sus esperanzas, y los convierte en héroes y referentes que no pueden cometer el más mínimo error. Sin embargo, Estrella (como todos) no ha recibido una educación emocional para poder gestionar esta exigencia. Solo se ha preocupado por potenciar sus habilidades para llegar lo más lejos posible. Como resultado, deja la infancia atrás demasiado pronto y madura mal, quemando etapas demasiado rápido.

No es casualidad que figuras como las que mencionábamos anteriormente, Michael Jackson, Freddie Mercury y hasta el propio Leo Messi, se muevan delante de cien mil personas como peces en el agua, pero luego en la intimidad sean tímidos. Si no tienen una estructura familiar sólida, pueden sumergirse en una peligrosa mezcla de soledad y autodestrucción. Janis Joplin dijo sobre esto: «Cada noche hago el amor con veinticinco mil personas en el escenario y luego me vuelvo sola a casa».

Además de admirar su talento, podemos aprender de Estrella su capacidad para entregarse de manera absoluta a aquello que le apasiona. Por ejemplo, Michael Jackson dedicaba horas y horas cada día para alcanzar la perfección que ansiaba, y Messi abandonó a su familia siendo un adolescente, y se ponía inyecciones él mismo para crecer.

El deseo de triunfar en lo suyo es un poder inquebrantable en este geniotipo, pero el peligro es que, debido a ello, pierda de vista el orden de la vida cotidiana. Estrella muchas veces es mal estudiante porque su motor vital está en otro lugar. Este geniotipo es talento puro a punto de explotar, y eso no se puede contener, solo hay que dejar que fluya para que pueda realizarse. Sin embargo, mientras esto ocurre, en el camino necesita recogerse en la intimidad del abrazo de los padres, de la pareja o de los amigos de toda la vida, para protegerse del endiosamiento, que es el padre de todos los excesos. Y es que Estrella no ha nacido para ser un dios o un demonio; tan solo es un ser humano más que, debido a su talento, ocupa un lugar prominente en el firmamento.

Si le falta el amor y la protección de los que le quieren por quien es, y no por lo que genera su talento, la idolatría que recibirá puede convertirle en un personaje egocéntrico, que pronto perderá la perspectiva. En su estado enfermo, este geniotipo entra en un bucle de autodestrucción y paranoia; un círculo vicioso que puede llevarle a la ruina personal, a la soledad y a una rápida decadencia.

Algunos Estrellas célebres

- **Mozart**. Este niño prodigio a los cuatro años tocaba minuetos y a los cinco ya componía piezas dedicadas a su padre. Muy pronto empezó a dar conciertos para los círculos de aristócratas y para la realeza de toda Europa. Cambió para siempre la música occidental y su contemporáneo Joseph Haydn aseguró que la posteridad no vería un talento como el suyo otra vez en cien años.
- **Marilyn vos Savant**. Nacida en 1946, Marilyn vos Savant fue considerada por el libro Guinness de los récords la persona con el coeficiente intelectual más alto del mundo, aunque desarrolló su carrera como periodista y consultora de los lectores en revistas populares. Curiosamente, nunca ha dado excesivo valor a su coeficiente

intelectual. En sus propias palabras: «Para tener éxito es más importante saber relacionarse que ser inteligente».

- **Freddie Mercury**. Buena parte del mundo pudo conocer su vida en el biopic *Bohemian Rhapsody*, dirigido por Bryan Singer. Hijo de una familia india de Zanzíbar, como emigrante en Londres tuvo que luchar contra la incomprensión paterna y abrirse paso entre una constelación de estrellas. El sida se llevó a Farrokh Bulsara (su nombre de nacimiento), la mejor voz del rock de la historia, con solo cuarenta y cinco años de edad.
- **Bobby Fisher**. Ganó el Campeonato Mundial de Ajedrez a los catorce años, por lo que se convirtió en el vencedor más joven de la historia. Al año siguiente, rompió otro récord cuando se proclamó como «gran maestro internacional» más joven de todos los tiempos. Estados Unidos dictó orden de busca y captura contra él por haber jugado contra un competidor yugoslavo en el momento en el que había un bloqueo contra este país. Tras ser detenido en Japón, vivió sus últimos años en Islandia.

Test de reconocimiento

Elige una de las tres opciones para cada una de estas afirmaciones:

1. Descubriste tu principal talento...
   a. Entre la adolescencia y la primera juventud.
   b. Aún lo estoy buscando.
   c. Desde que tengo uso de razón, ya de niño.

2. Para ti, desplegar tu pasión es...
   a. Cuestión de práctica, pero voy mejorando.
   b. Una tarea difícil, porque no tengo muy claro qué me gusta.
   c. Extremadamente fácil. Fluyo con ella.
3. En las distancias cortas...
   a. Me muevo relativamente bien.
   b. Es como mejor me siento.
   c. Soy tímido. Me resulta más fácil estar ante la multitud.
4. Cuando llega la prosperidad a causa de tu talento...
   a. Soy generoso, pero solo con mi círculo más íntimo.
   b. La gestiono con mucha prudencia; mañana la riqueza puede dejar de fluir.
   c. Suelo repartirla con todo el mundo, sin ponerme a contar.
5. Tu propósito en la vida es...
   a. Desarrollar mi pasión, pero sin perder de vista otras cosas.
   b. Tener una existencia tranquila y ordenada.
   c. Ilusionar a los demás con aquello que amo.

Cada «a» suma un 10%, cada «b» un 0% y la «c» un 20%. Suma todos tus resultados y sabrás qué porcentaje de Estrella tienes. Si es muy alto, puede que sea tu geniotipo.

ACERCA DEL TEST CLÍNICO

Antes de pasar a la segunda parte de este libro, quiero aclararte algo importante sobre el test que has encontrado al final de cada uno de los capítulos anteriores.

He incluido estos breves cuestionarios a modo de juego rápido, con el fin de que puedas comprobar si el geniotipo podría ser o no tu perfil. Sin embargo, debes saber que estas preguntas orientativas no forman parte del test clínico real que utilizamos para determinar el geniotipo particular de cada persona, mucho más perfilado y completo.

El test clínico para los lectores de este libro está disponible con el código QR que encontrarás a continuación o bien en mi plataforma <www.conocetugeniotipo.com>. Aquí podrás completarlo de una manera sencilla y rápida para conocer verdaderamente tu geniotipo. Cuando lo sepas, podrás desatar el genio que hay en ti. ¡Seguimos!

10

Cómo despertar tu genialidad

> No entendemos el talento más de lo que entendemos la electricidad.
>
> MAYA ANGELOU

Todos tenemos talento. Es una idea rotunda: a medida que vamos conociendo mejor la condición del ser humano, nos damos cuenta de que es talentoso por naturaleza. Sin embargo, esto no significa que todos los individuos hayan sabido encontrar o desarrollar su don.

Muchas veces nos miramos al espejo y no nos sentimos especiales. Pero la realidad es que todos lo somos. Lo que sucede es que carecemos de una verdadera percepción de lo que nos apasiona y de nuestras habilidades individuales. Esto nos lleva a no disfrutar con lo que hacemos en el día a día, o incluso a desconocer qué nos podría satisfacer.

Ahora que hemos viajado por los nueve geniotipos y que, seguramente, has identificado el tuyo, me gustaría insistir en la idea de que no existe una jerarquía de talentos. No hay uno mejor y otro peor. Existe la falsa creencia de que un verdadero don va asociado a la fama o al dinero. Y no es así. Hay talentos mucho más útiles por su finalidad minimalista, que por lo grandilocuentes o impresionantes que parecen.

En mis consultas, la frase que más he oído repetir y, por tanto, que representa una de las creencias más arraigadas, es: «Tony, yo es que no soy creativo. Tengo muchas ideas, pero ya está». Me quedo atónito cada vez que me dicen esto. ¡Es increíble! O sea, que tu problema es que tienes muchas ideas, pero que no eres creativo, ¿no? ¿Te estás escuchando? Son increíbles los mecanismos de autoengaño que activamos para bloquear todo nuestro potencial, solo porque nos creemos insignificantes.

Cocinar, escribir, idear, pintar, mediar para resolver conflictos, acompañar, reunir a la familia alrededor de una mesa, guiar, solucionar problemas, escuchar, leer cuentos, hacer reír... Todos estos dones son superpoderes mucho mayores de lo que creemos. Son talentos imprescindibles, que nos facilitan la vida y ayudan al prójimo a ser feliz.

¿Acaso Stephen Hawking no requería de apoyo? ¿Y Freddie Mercury, comprensión? ¿Einstein no tenía necesidad de comer? ¿Y Maradona, de rodearse de buenas compañías? ¿No precisaba Marilyn Monroe de alguien que la iluminara? ¿Y Michael Jordan, de un entrenador? ¿O Robin Williams, de alguien que le hiciera reír? Tenemos muy integrada la idea de que hay que ser como estos famosos para que nuestro talento sirva de algo, cuando ellos mismos han necesitado talentos más sencillos, pero esenciales. El talento que creemos más simple puede cambiar el mundo. Por ejemplo, con un palo (no puede haber algo más simple), Enric Bernat o Manuel Jalón Corominas revolucionaron nuestra cotidianidad, uno por unirlo a un caramelo y convertirlo en un Chupa Chups, y el otro por inventar la fregona. ¿Te figuras cómo era fregar agachado? O, imagínate que un día estás tomado café, y tu idea es dibujar un ratón. No le darías la más mínima importancia, ¿verdad? Pues Walt Disney se la dio y creó a Mickey Mouse, el origen de lo que acabaría siendo todo un imperio.

Serían innumerables los ejemplos de talentos que podríamos encontrar que en apariencia son simples, pero cuya influencia es, en realidad, enorme: el humor de Chiquito de la Calzada, la cocina de Karlos Arguiñano, Greta Thunberg como activista medioambiental, etc. No hace falta que un talento dé como resultado naves para llegar a otros planetas o teorías de agujeros negros para que sea válido, sino que enriquezca la vida cotidiana, que es donde los seres humanos pasamos nuestra vida.

Todos tenemos un genio en nuestro interior, pero a menudo no lo reconocemos. ¿Por qué? Hay múltiples razones que hacen que no te reconozcas como el genio que ya eres. Algunas de ellas te las muestro a continuación:

- Creer que tu don es simple porque los concursos de talentos televisivos o los deportes de competición se suelen centrar en unas pocas habilidades.
- Eres reticente a divulgar tu talento por miedo a que te juzguen y que te miren de una manera distinta, o que dejes de encajar en tu entorno.
- La educación limitante a la que hemos sido sometidos. (Dedicamos el siguiente capítulo a este último punto).

En este apartado, voy a dar voz a Sara Teller, neurocientífica de mi equipo.

«Cuando pienso en creatividad desde un nivel neurocientífico, me refiero a la capacidad que tiene nuestro cerebro para realizar asociaciones entre conceptos aparentemente distantes entre sí, cuando se dan conexiones que antes no te planteabas y que te brindan el "eureka" que esperabas.

»Me explico. Al enfrentarnos a un problema, solemos buscar la solución de forma muy focalizada, teniendo en mente solo las variables lógicas en torno a ese problema. Preparamos estrategias racionales que nos permitan dar con la solución. Procediendo de esta manera, rebanándonos los sesos para hallar una solución, utilizamos una parte muy determinada de nuestro cerebro. A menudo, lo único que hacemos es consumir recursos cognitivos y no dejamos que la verdadera inspiración pueda entrar.

»La ciencia lleva tiempo explicando que, tras un largo periodo de estudio sobre un área concreta (fase de preparación), debes dejar tu mente volar durante un tiempo (fase de "incubación"). La semilla ya está plantada, ahora hay que dejar que dé sus frutos libremente.

»Justamente es en ese momento que ensoñamos, que divagamos, cuando se activa la llamada "red neuronal por defecto", en la que participan diferentes áreas que interactúan de forma global. Es entonces cuando puede darse la asociación entre conceptos almacenados en tu inconsciente, recombinándose entre ellos de manera imprevisible. Así es como surgen las ideas más innovadoras, despertando la creatividad que hay en ti.

»De ahí que muchas veces, cuando estás relajado o aburrido, quizá caminando por la naturaleza, o conduciendo sin *inputs* que te distraigan, aparece la solución al problema. Cuando menos te lo esperas, te iluminas y exclamas: "¡Eureka!". O al menos eso les ha pasado a muchos científicos, como por ejemplo al químico Friedrich Kekulé, que descubrió la estructura molecular del benzeno tras haberla visto en un sueño.

»Por consiguiente, si quieres despertar la creatividad, tan importante es estudiar como tomarte buenos descansos mentales.»

La creatividad cotidiana

Aunque hay quien los confunde, una cosa es el talento y otra bien distinta la creatividad. A menudo pensamos que la creatividad está reservada al arte y a los grandes logros científicos, aplicada a nuevos inventos o a cuestiones extraordinarias. Nada más lejos de la realidad. La creatividad es un recurso presente en cada detalle de nuestra vida, por mucho que pensemos que se trata de un don misterioso, característico de la gente muy imaginativa. Todos la poseemos, si nos damos permiso para ello. Así, cada vez que damos con el camino para solucionar algo, estamos echando mano de nuestro poder creativo.

Desde muy pequeños, el ensayo y error nos permite avanzar por sendas diferentes en pos de lo que deseamos. En la adolescencia, cuando queremos comernos el mundo y el atrevimiento es nuestra arma, echamos mano de la creatividad para salirnos con la nuestra. Y de adultos, ¿cómo podemos pensar que no somos creativos, y dejar en manos de cuatro privilegiados esa faceta que nos pertenece a todos por igual?

La neuropsicología cuenta con numerosos estudios que demuestran que la creatividad es un elemento clave en el bienestar personal y la interacción social. La versatilidad es fundamental para adaptarnos a nuevas situaciones, así como a los continuos cambios en la sociedad. Por lo tanto, la creatividad es una parte fundamental y necesaria del ser humano.

Muchos autores definen la creatividad como el «motor del progreso». Sin duda alguna, ser creativos es primordial para nuestra vida cotidiana: vestirnos, cuidarnos, cocinar, conversar, solucionar problemas, etc. La creatividad está presente, de un modo u otro, en todas nuestras tareas.

Es hora de que contemplemos la creatividad como nuestra punta de lanza para vivir mejor. La creatividad activa el talento, además de ser un disparador de la confianza en nosotros mismos: si sé crear soluciones para mi vida, no me estanco y estoy desarrollando mi autoestima. Eso me permitirá liberar todo mi potencial, porque para todos los conflictos que aparezcan en mi camino, necesitaré echar mano de la creatividad.

Los niveles de creatividad

Como decía Pablo Picasso, «La inspiración existe, pero tiene que encontrarte trabajando». ¿De qué manera podemos trabajar con nuestra creatividad, de modo que despleguemos todo su potencial?

Todos poseemos creatividad, pero no todos la aplicamos de igual manera y, lo más importante, no la expresamos del mismo modo. En el ámbito de la Psicología, por ejemplo, Joy P. Guilford consideraba que la creatividad podía ser fiogenética, potencial o cinética; mientras que el profesor en técnicas de liderazgo, innovación y desarrollo de competencias y cultura organizacional de la Universidad de Michigan Jeff DeGraff propone cinco niveles más de creatividad: la mimética, la bisociativa, la analógica, la narrativa y la intuitiva. Por este motivo, la idea de que una persona sea creativa y otra, no, es simplista y carece de una comprensión profunda.

Partiendo de esta base, en mis años de estudio del geniotipo, he podido observar cómo cada perfil utiliza una determinada forma de creatividad. Según los datos de la investigación de mi equipo, la creatividad se divide en dos grandes ramas, con diferentes subtipos cada una de ellas.*

Creatividad esencial

- Conceptual: Se basa en la resolución de tareas a partir del análisis de una situación, aplicando el concepto más útil para resolverla.
- Artística: La creatividad de las artes, de la transformación, de la expresión a la hora de plasmar lo sutil.
- Intuitiva: Es una creatividad íntima, que nace de lo más profundo del ser.

Creatividad fundamental

- Elemental: Todos nacemos con ella para desenvolvernos en la vida de forma práctica. Por ejemplo, si quiero cambiar un cuadro que está demasiado alto y no tengo una escalera, crearé la manera de llegar al cuadro (por ejemplo, subir en una silla).

* Para saber más sobre la aplicación de la creatividad en cada geniotipo, puedes dirigirte a mi blog <geniotipo.tonyestruch.com> y leer la entrada *La dimensión creativa*. *(N. del A.)*

- Integral: Va implícita en la evolución personal que genera la creatividad. A medida que desarrollas tu creatividad esencial (conceptual, artística o intuitiva), potencias tu talento.

Todos nacemos con las dos vertientes de ingenio fundamental, pero si no estamos alineados con nuestro geniotipo, la creatividad integral no se desarrollará, y dará paso a una frustración latente. Es la carencia vital que nos invade cuando no hacemos lo que sentimos que hemos venido a hacer.

Más allá de observar los distintos enfoques de la creatividad, lo importante es entender que todos creamos de forma única y diferente. Si Rectángulo está arreglando el motor de un coche, buscará la forma más efectiva de hacerlo. En esta acción orientada a la eficacia quizá pensemos que es poco creativo. Sin embargo, esta destreza que parece automática es otra cara de la creatividad, ya que la mente debe explorar e improvisar soluciones para cada problema que se vaya presentando.

A medida que vayamos definiendo nuestro propósito de vida, nuestra auténtica forma de ser creativos fluirá de forma fácil, en un proceso natural a favor del sentido de la vida.

El poder de la imaginación

Como hemos dicho, a veces la imaginación se confunde con la creatividad, pero no son lo mismo. La imaginación no tiene normas ni límites. Todos somos imaginativos, pero para que lo que imaginemos llegue a ser útil, hay que encontrarle una aplicación en la realidad.

¿Cuántas personas conoces que tienen mil ideas, pero no las llevan nunca a cabo? Algo imaginado que no se lleva al terreno de la realidad es puro humo. Las ideas necesitan plasmarse en algo para que sean útiles para nuestra vida; es decir, es preciso encontrar un modo de llevar a la práctica lo que hemos imaginado. Y el barco en el que navegamos para trasladar la imaginación a la práctica es la creatividad.

Ahora bien, consigamos o no materializar nuestras ideas, imaginar es un acto imprescindible para saltar el muro del conocimiento limitante, que es el árbol que no nos deja ver el bosque.

Recordemos la frase que ya vimos del novelista y visionario Julio Verne: «Cualquier cosa que un ser humano pueda imaginar, otro ser humano la puede hacer realidad». Gracias a su imaginación, este autor francés anticipó cosas que se harían realidad después:

- Internet. En su novela *París en el siglo* XX, escrita en 1863, Verne habla de una especie de «telégrafo mundial» para compartir la información desde todas partes.
- La exploración de la luna. Cien años antes de que el Apolo 11 llegara a nuestro satélite, Verne ya lo había imaginado en sus novelas *De la Tierra a la Luna* (1865) y *Alrededor de la Luna* (1870).
- La conquista de los polos. Faltaban aún cuarenta años para que Robert Peary llegara al Polo Norte cuando, en 1866, el escritor francés explicó la expedición hacia esa meta en *Las aventuras del capitán Hatteras*.

¿Te atreves a imaginar lo que aún no existe? Y ¿te atreverías a ser tú quien lo hiciera realidad?

«La imaginación es más importante que el conocimiento»

Esta frase de Einstein es una de mis favoritas porque resume en una línea la enfermedad de la que adolece la humanidad. El ser humano piensa que la razón es la manera correcta de funcionar, pero la razón es una manera muy limitada de entender la vida. Por este motivo, estamos acostumbrados a creer más de lo que realmente vemos, solo porque es «razonable», y a ver menos de lo que realmente podemos creer. Ahí es donde el talento nos ayuda a romper esta miopía, creando nuevos vínculos que a simple vista no se ven.

Dicho de otra manera, el talento, cuando aflora, enciende la pasión y crea nuevas realidades. «La única forma de hacer un gran trabajo es amar lo que haces», decía Steve Jobs, y con ello no nos hablaba de motivación, sino de pasión, que es el motor del talento. El talento, los dones o las habilidades se movilizan a través de ella, que es un fuego que hay que encender, porque habita en nuestro interior y forma parte de nuestro *mabui*.

Mabui: tu esencia como persona

Hace unos años llegó a mis manos un libro que me iluminó. Me refiero a *Ikigai: los secretos de Japón para una vida larga y feliz*, de Francesc Miralles y Héctor García. Leyendo a estos autores, me interesó especialmente un fragmento que reza así: «El *mabui* es la esencia de cada persona como ser vivo. Es nuestro espíritu y fuente de energía vital. El *mabui* es inmortal y nos hace únicos». Pero no solo los ancestros japoneses hablan del *mabui*, sino que Ken Robinson (del que hablaremos después) sostenía en su libro *El elemento*: «Muchas personas no han encontrado su talento, porque no han entendido su carácter orgánico». Este carácter orgánico es la raíz del genio-tipo.

Estos planteamientos, entre otros, me permitieron corroborar lo que yo llevaba años estudiando. Todos tenemos un talento, que es único e inmortal. Y es justamente ese *mabui* el que nos hace auténticamente geniales. Y conectar con esta genialidad hará que nos enamoremos de la vida, porque nos apasionará vivirla.

No somos robots

Conocerse a uno mismo implica una profunda revisión de todo aquello que damos por supuesto. Habría que revisar todas aquellas habilidades que damos por sentadas en nosotros mismos, así como las que creemos que nos faltan. No es tan obvio como parece.

Al igual que hemos señalado la confusión entre los términos creatividad e imaginación, también hay una línea difusa que separa los conceptos de talento y genialidad.

- El talento es aquel conjunto de aptitudes y habilidades que son naturales en uno mismo, y que nos permiten desarrollar de una forma orgánica nuestro propósito de vida.
- La genialidad es hacer o convertir nuestro talento en genuino, en auténtico.

Todos los futbolistas tienen talento para jugar al fútbol, pero cómo lo desarrollen es su propia genialidad. Esta se genera al tomar consciencia de todas nuestras aptitudes, prestarles atención y desarrollarlas para convertirnos en especialistas, en ejemplares únicos y genuinamente auténticos.

Hay una percepción o visión interna que recibe el nombre de *insight* en psicología. Gracias a este *insight*, una persona es capaz de captar una verdad que viene de su interior. Este tipo de percepción puede ser de tres tipos:

- *Insight* intelectual. Puede surgir al leer, hacer terapia, o cualquier otra actividad que estimule el intelecto.
- *Insight* emocional (o también llamado visceral). Es el más potente, puesto que procede de lo más profundo del ser e implica comprensión, sentimiento y conciencia a la vez.
- *Insight* estructural. Lo usamos para conectar de manera consciente o inconsciente todo lo que sabemos y sentimos para aclarar la conciencia.

Todo ello contribuye a ampliar nuestro conocimiento del mundo y de nosotros mismos. Como ya demostró el psicólogo Daniel Goleman en su libro *Inteligencia emocional*, el coeficiente intelectual está sobrevalorado: por sí solo no garantiza el éxito, y mucho menos la felicidad. Nos empeñamos en enfocar la vida desde una percepción mental, pero si la intelectualidad resultara vital, todos pensaríamos igual. Sin embargo, es obvio que no es así, porque eso nos convertiría en robots. ¿Por qué no reaccionamos todos igual, si nos educan de forma similar? Pues porque siempre vence nuestra humanidad.

El sentimiento puede más que la razón, y la prueba de ello es que enfermamos al retener sentimientos. La energía emocional no se puede reprimir, por eso existe. Y, del mismo modo que por nuestra torpeza mental reprimimos lo más humano que tenemos, generaremos salud si fluimos con lo que somos y sentimos.

Si la intelectualidad lo explicara todo, habríamos desvelado todos los misterios de la vida. No obstante, no sabemos, en buena medida, cómo funciona nuestra mente. Por no hablar del universo. Recientemente, se ha calculado que esta inmensidad, de la cual formamos parte, tiene trece mil millones de años y nosotros, con una vida media de setenta u ochenta años, pretendemos conocerlo todo. Es ridículo. Por eso, cuando Einstein afirmaba que el poder está en la imaginación, apuntaba a este don tan humano que poseemos para superar límites y barreras mentales.

Tratar de comprender y procesarlo todo a través de la razón nos anula emocionalmente, porque nos distancia de la vibración energética más alta que existe: el amor. Por esa razón, no debemos olvidar que el talento surge del corazón y que su motor es la pasión. Al ignorar nuestro talento, al dejar de lado la pasión y la perseverancia, estamos rechazando nuestro amor y genialidad intrínsecos.

La música de la felicidad

Darme cuenta de estas afirmaciones hizo que me pusiera a estudiar la teoría de la relatividad de Einstein. Y entonces se hizo la magia.

Antes que investigador, soy músico, y siempre me ha fascinado cómo la música puede cambiar nuestro estado emocional. Vas en el coche enfadado, pones la radio y, sin motivo aparente, te encuentras cantando de lo más contento la canción que está sonando. Este poder del sonido siempre me ha atraído, e intuía que tenía que haber algo más detrás de ello.

Einstein vino a decir, hace un siglo, que de la materia llegó al átomo, del átomo a las partículas subatómicas, de las partículas subatómicas a los paquetes de onda energética, y de los paquetes de onda a las supercuerdas vibratorias en once dimensiones o más, representadas como música y color. Según parece, un electrón vibra unos quinientos billones de veces por segundo, y esa vibración produce sonido y color. En definitiva, que el universo sería, pues, como una sinfonía de sonidos y colores. ¡Un universo de sonidos! Me emocionó encontrar las respuestas que buscaba a través de mi compañera de vida: la música.

Entonces empecé a estudiar el sonido y a componer meditaciones. Hice todo tipo de experimentos de frecuencia, con y sin base binaural (el sonido binaural se graba con dos micrófonos en una cabeza artificial, y ofrece al oyente una percepción sonora 3D, parecida a la experiencia de estar escuchando ese sonido en el lugar donde se origina) y estudié las respuestas de las personas cuando se exponían a estas experiencias de sonido. Descubrí, así, que cada uno vibraba de un modo diferente; que su energía era única.

Mientras desarrollaba mi estudio del geniotipo, iba comprendiendo la importancia de la energía, de la esencia de la vida confirmada por Werner Heisenberg, uno de los padres de la mecánica cuántica, que consideraba que el universo no está hecho de cosas, sino de redes de energía vibratoria, «emergiendo de algo todavía más profundo y sutil».

Dentro de estos campos y redes, comprendí que, del mismo modo que la naturaleza se desarrolla a través de distintas formas de vida (árboles, tierra, flores, etc.), en el caso del ser humano ocurre lo mismo. Simplificando mucho, así como en el bosque no todo lo que nace son pinos, tampoco todos los humanos desarrollamos el mismo talento. Si esto fuera así, todos seríamos arquitectos, carpinteros o músicos. Y no todos sentimos la misma pasión.

El origen de los geniotipos

Ante esa evidencia, aparecieron nuevas preguntas en mi cabeza, como por qué Michael Jackson ya de pequeño sabía que quería ser cantante y no arquitecto. La primera vez que le pusieron un micro, era como si lo hubiera hecho toda la vida. ¡Y apenas levantaba un palmo del suelo!

Sucede lo mismo cuando nos presentan a alguien destinado a ser nuestra pareja o nuestro amigo del alma, que desde el primer momento sentimos que nos conocemos de toda la vida. Por este mismo motivo, a Michael no le hizo falta asistir a una academia de música para saber cuál era su talento y vivir de ello.

Con estas pistas en mente, y a medida que en mi investigación iba encajando las piezas del puzle, con la ayuda de un equipo de psicólogos, neurocientíficos y expertos de otros campos, comencé a moldear lo que hoy son los nueve geniotipos, diseñando varias pruebas y ejercicios orientados a superar el vacío que produce sentirse huérfano de uno mismo y de propósito de vida.

Y es que desconocer tu genialidad no significa que no la tengas. ¿No te has percatado de que muchas veces en la vida se repiten determinadas situaciones y accidentes, una y otra vez, y no sabes por qué? Esta llamada de atención ocurre porque hay una parte de ti que no estás poniendo en valor. La estás obviando, ignorando y, por lo tanto, anulando. Y el universo, con su bondad, te invita a afrontar experiencias de vida para que te despiertes y te reconozcas. Sin embargo, como no nos han enseñado a interpretar este tipo de señales, podemos pasarlas por alto y seguir tropezando con la misma piedra, una y otra vez.

Un error común es compararnos con los demás, seguir una estela que no es la nuestra y que, por lo tanto, nos asegura el camino hacia la infelicidad. Pensamos que si emulamos los pasos y acciones de quienes disfrutan de su talento, podremos dar con el nuestro. Esto no nos sirve de nada, porque mi experiencia no tiene nada que ver con la de otro individuo. ¿Por qué? Porque la experiencia es única e intransferible.

Pero esta práctica de imitación es la salida fácil del autodesconocimiento, porque nos genera dolor no ser como auténticamente somos, ya que no nos conocemos. Al desconocer nuestro geniotipo, somos ajenos a nuestro *mabui* y a nuestra energía vital, por lo que adaptamos toda esa energía a una personalidad, a una manera de ser que nos haga fuertes para afrontar la vida y que nos duela lo menos posible.

Lo que ocurre es que cada geniotipo tiene una esencia diferente y, por tanto, esa adaptación de nuestra energía única, de donde proceden nuestro talento y nuestros dones, genera unos patrones mentales y unos vicios que nos alejan de nosotros mismos. Eso es lo que, en última instancia, nos genera dolor, frustración y escasez. Poseemos una genialidad ilimitada, pero una mentalidad limitada.

Nacidos para marcar la diferencia

Como he comentado en la introducción de este libro, el geniotipo es una herramienta de autoconocimiento para ordenar y sanar la mente desde el corazón, al cual no le interesa en absoluto tu manera de ser, sino tu ser. Tu geniotipo aúna aptitudes, herramientas y habilidades naturales en ti, que te permiten desplegar tu talento y liberar tu genialidad. Tus gustos, ideas, pensamientos y creencias pueden cambiar una y otra vez, y eso constituye tu libertad. Pero lo que esencialmente eres no va a variar nunca. Si has nacido para ser médico, jamás serás feliz siendo abogado. Puedes optar por un camino terapéutico u otro, pero siempre como médico.

Se dice que los grandes actores son tímidos, pero su genio explota al subir a un escenario o cuando están ante las cámaras. «¡Parece otro!», nos sorprendemos. Y tal transformación no es más que su energía brillando y vibrando en todo su esplendor cuando está alineada con su esencia. En esta explosión es donde la manera de ser deja paso al ser. Por desgracia, mientras no somos conocedores de este hecho, vamos en contra de nosotros mismos, guiados por tendencias externas. Acabamos estudiando algo que no nos apasiona y trabajando en una profesión que no tiene nada que ver con nosotros, solo para tener un sueldo a final de mes.

Hemos nacido para marcar la diferencia, y la clave para lograrlo reside en dejar de mirar hacia fuera y redirigir esa mirada hacia nosotros mismos. Estás a tiempo de ser quien realmente has nacido para ser. Cuando empiezas a conocerte, el don nace de tu intuición y sale, por fin, al mundo. No es una casualidad que el talento sea innato, y que la intuición y el instinto, también.

Por ejemplo, yo soy músico, pero tengo poca voz y desagradable. Intelectualmente, tengo todo lo necesario para cantar y afinar. Y, de hecho, canto y afino, pero el sonido que emito no resulta atrayente. Por más que mi mente se empeñe en educar a mi voz, los órganos destinados a ello no responden naturalmente, porque no es mi talento. Obviamente los puedo entrenar, pero el canto nunca será algo natural en mí. En resumen, siempre que haga lo que sienta, triunfaré. Si dejo la duda a un lado (que ya supone dar un paso enorme), mi naturaleza innata hará el resto. Cuando siento, sé lo que siento. Vivimos en un mundo marcado por la incertidumbre y la única vacuna contra ella es la certeza de lo que sentimos. Una gallina solo sabe con seguridad que pone huevos. Ese es su valor y lo único que depende de ella. Nuestros sentimientos son nuestros huevos.

Este ejemplo tan sencillo nos da la clave: enfócate en lo único que puedes controlar, que no es otra cosa que ser fiel a lo que sientes, a tu ser, que no a tu manera de ser o de pensar, que solo te lleva a esforzarte por conseguir la aprobación ajena.

La valentía de empezar

Cuando hacemos lo que sentimos, hay una fuerza dentro de nosotros que nos empuja a ir a por nuestro objetivo. Para ello, contamos con uno de los mayores tesoros de los que dispone el ser humano: la capacidad de explorar, que nos impulsa a indagar nuevas posibilidades y a enfrentarnos a otras situaciones. Para aprender, debemos estar atentos. Otro factor imprescindible para desatar nuestra genialidad es poner atención para captar lo que el mundo quiere enseñarnos, y así nutrir nuestra creatividad.

Mi intuición me dice que lo que siento es cierto, que está alineado conmigo y que, cuando lo desarrolle, será un valor seguro para mí y para el resto de los seres humanos. Y, desde ahí, me pongo manos a la obra con coraje. Autoconocimiento, exploración, curiosidad, atención... A todos estos aliados para estimular nuestra genialidad les sumaremos la valentía de empezar.

Si aplazo las cosas que sé que debo realizar, no llegará nunca el momento y acabaré sumiéndome en la apatía y la frustración. *Ahora* es el momento de levantar anclajes. Ponte en marcha ya. Empieza por lo más pequeño que puedas abordar y no dejes que pase ni un solo segundo más, ni que la pasión se apague. Al andar descubrirás tu camino, pero solo llegarás a la meta recorriéndolo. Si solo piensas en la meta, siempre lo pospondrás, porque la meta necesita ponerse a prueba paso a paso, es decir, andando y levantándote todas las veces que sea necesario.

Vidal Sassoon, el peluquero inglés que revolucionó en el pasado siglo el estilismo en todo el mundo, decía que el único lugar en el que *éxito* viene antes que *trabajo* es en el diccionario. Estamos cansados de escuchar opiniones del estilo «Ese ha tenido suerte», o anuncios de «Hazte rico en un instante invirtiendo aquí» y todo eso ¡es mentira! Así que debemos sacar de la ecuación el factor suerte, porque por mucho talento que tengamos, nada mágico sucederá si no nos ponemos en marcha. Y debemos esforzarnos. Hace más de dos mil años, Sófocles ya afirmó que el éxito depende del esfuerzo.

Muchas personas que no desarrollan su talento se recrean en la queja y en la inacción, y se desaniman y abandonan ante el más mínimo contratiempo, para regresar a su pequeño círculo de confort. Esta rendición conlleva también otro mal movimiento oculto: el runrún en su mente de la duda y la culpa, que nunca va a parar mientras no se pongan en marcha. El pensamiento es incesante y, cuando no nos esforzamos, nos llena de relatos tóxicos. Por ejemplo, ante el mínimo obstáculo en tu acción de emprender, empiezas a contemplar el «ya te lo dije» de tu entorno, y como no sientes el apoyo que consideras necesario, tu mente inventa escenarios apocalípticos que te mueven a abandonar tu futuro negocio. La energía que no dedicas a tu talento se pierde en «circuitos-basura» como este.

Por otro lado, es muy común que los que ni siquiera intentan perseguir su talento, te digan que lo que tú haces no servirá de nada y que no funcionará, y que no eches a perder lo que tienes ahora (por ejemplo, un trabajo fijo), teniendo en cuenta las responsabilidades que tienes (por ejemplo, familiares). Hay mucha narrativa derrotista, pero recuerda que dispones de un recurso que nunca te podrán robar: la libertad de hacer lo que sientes. No pueden sentenciar desde fuera lo que sentimos desde dentro. Y, además, siempre irás un paso por delante de los que ni siquiera lo intentan.

El miedo de los demás

Al hilo de esta apuesta por lo que sentimos, quiero contar la historia de la escritora norteamericana Elizabeth Gilbert, autora de la novela (también convertida en filme) *Come, reza, ama*. Esta historia se convirtió en un bestseller internacional que la consagró, después de años de dedicación a lo que era su pasión: escribir. Hasta aquí podríamos pensar: «Estupendo, encontró su talento, logró compartirlo y le reconocieron su pasión». Pero veamos.

Gilbert cuenta que, antes del éxito descomunal de esta novela, nadie creía en sus posibilidades. Hasta aquí, lo habitual. Pero la sorpresa fue que, cuando consiguió triunfar, la gente empezó a tratarla como si estuviera acabada. ¡Increíble! Dice la autora que constantemente se le acercaba gente y le soltaba frases llenas de prejuicios como: «¿No tiene miedo de que su siguiente libro pase sin pena ni gloria?», «¿Cree que podrá superar el éxito de esta novela?», «¿Podrá seguir creando con tanta intensidad historias que conecten con la gente, o ya ha llegado a su cima creativa?».

Es decir, que el miedo de los demás seguía acechándola. De adolescente, cuando confesó que quería ser escritora, todo el mundo le preguntaba si no temía no lograr nunca el éxito, o si podría soportar la humillación de ser rechazada por las editoriales, o si quería morir pobre y frustrada, porque su sueño nunca se cumpliría. Sin embargo, las dudas externas no la desviaron de su camino. «¿Es acaso lógico que se espere que uno tenga miedo del trabajo para el que siente que fue puesto en la Tierra?», se pregunta la escritora. Exacto, es lo más ilógico del mundo.

Cuando la voluntad es firme, si persigues lo que sientes, tus habilidades aflorarán y te abrirán una nueva realidad. Piénsalo: ¿crees que el universo es tan cruel como para invitarte a realizar aquello que eres, para luego acabar fracasando? Él necesita de tu energía en su máxima potencia para seguir expandiéndose eternamente. Por lo tanto, necesita imperiosamente que disfrutes de abundancia en todos los ámbitos de tu vida.

De la mediocridad a la excelencia

La sociedad en la que vivimos se rige por un conformismo basado en la mediocridad y la negatividad. Esto es simple de observar. ¿Conoces algún periódico o noticiero que dedique su portada o un espacio importante a las buenas noticias? En primera página, casi siempre se nos muestra decadencia, sensacionalismo y miserias ajenas.

Este tono informativo nos envuelve, poco a poco va calando, y nos conduce a una actitud fatalista y de resignación. Llegamos a pensar que lo normal es que las cosas salgan mal, a no ser que tengas muy buena suerte. Y esa sensación de impotencia te lleva al abandono y a no luchar por una vida mejor. Esta creencia limitante está muy extendida, tanto que tiene su propia coletilla: «Más vale malo conocido, que bueno por conocer». ¡Increíble! La impotencia puede más que la genialidad y los sentimientos.

Si has intentado perseguir tu propósito en la vida y has fracasado, el pasado no debería condicionar tu futuro. Al contrario: con cada error estás un poco más cerca del acierto; con cada error te vas acercando más a tu don, que quizá aún no hayas perfilado del todo. En este sentido, espero que este libro, y más concretamente el capítulo dedicado a tu geniotipo, te sirva. Si sientes que te encuentras perdido en tu travesía del desierto, tal vez sea porque tienes que aprender a conocerte de nuevo. No pretendas saber quién eres al primer intento, cuando llevas toda la vida rehuyendo de ti. Date tiempo.

Recuerda que tu talento solo podrá florecer en la medida que represente al ser humano que eres. Si aún no lo sabes, primero tendrás que encontrarte. Atrévete a descubrir tu verdadero ser. Cuando te abras sin timidez ni excusas, todos tus prejuicios desaparecerán, y lo que ahora piensas sobre buscar tu propósito y sobre ti mismo se disipará.

Otro artista de Estados Unidos, el actor Ethan Hawke, expresó lo que estamos comentando con la sabiduría de quien ha transitado por periodos de confusión personal, que se han dado incluso en el clímax de su fama. Según él, la creatividad es la manifestación de la naturaleza en las personas. Necesitamos desarrollarnos, expresarnos, conocernos, y saber qué es lo que nos gusta. Al saber qué nos gusta, sabremos quiénes somos, y desde allí se expandirá la creatividad. También Bill Gates dijo que si quieres lograr algo en el mundo, no debes dejar que la timidez golpee tu mente, porque si actúas con timidez, no obtendrás resultados.

Me acuerdo de la película *Novia a la fuga* (*Runaway Bride*) cuando Julia Roberts, la sonrisa de América, tras huir de varios intentos de matrimonio, se da cuenta de que, dependiendo de su futuro marido, le gustan los huevos de una determinada manera. Cuando pone distancia y empieza a buscarse a ella misma, cocina los huevos de treinta o cuarenta formas distintas para decidir cómo le gustan a ella de verdad. Este ejemplo tan simple es la metáfora perfecta de lo que debe ser el reencuentro con nuestro ser: cuestionarlo todo, y abrir la mente a cualquier posibilidad que anteriormente hubiéramos desestimado, porque nuestro ego influenciado decía que no era para nosotros.

Ignorar nuestro don hace que no avancemos; pero también lo hace el miedo al fracaso y al qué dirán. Por lo tanto, los obstáculos que no nos dejan progresar son ideas muy enraizadas en el pensamiento colectivo, en creencias sociales y culturales y, por supuesto, también de tipo más personal, que se manifiestan en nuestro entorno más inmediato y que nos condicionan con frases como «Yo sé lo que te conviene» o «Es por tu bien». Además, existe otro elemento que nos impide lanzarnos a por nuestros objetivos, y del que hablaremos en el próximo capítulo: se trata de la «educastración».

Del miedo a la confianza

Según el escritor e investigador en neurociencia David del Rosario, las redes neuronales que utiliza el miedo son las mismas que utiliza la confianza. Por lo tanto, miedo y confianza no pueden existir en el mismo plano. Y es que, a mayor miedo, mayor desconfianza, y viceversa. En esencia, de esta premisa científica deducimos que la seguridad en ti mismo es básica para el reto de desplegar tu genio.

Sobre eso, el fundador de Facebook, Mark Zuckerberg, asegura que, en un mundo en el que todo cambia muy rápidamente, el mayor riesgo es no correr ningún riesgo, ya que es la única estrategia que garantiza fallar. Y Henry Ford, fundador de la Ford Motor Company, lo remata afirmando que «Los que renuncian son más numerosos que los que fracasan».

Es bien conocido que Thomas A. Edison intentó un millar de veces dar con la bombilla sin éxito. No se desmotivó a pesar de sus múltiples fracasos; ni siquiera el incendio de su fábrica lo detuvo. De ahí que su nombre haya pasado a formar parte de los anales de la historia, aunque no todo el mundo conozca los esfuerzos y las derrotas que él, al igual que muchos otros, tuvo que afrontar. Y es que el éxito conlleva trabajo, perseverancia y confianza.

Por lo tanto, el fracaso como tal solo resulta negativo si no aprendemos de él, si no lo usamos como si de un maestro se tratara. La sabiduría que procede del fracaso consiste en tomar conciencia de que, detrás del fallo, existen lecciones vitales. Estas aparecen delante de nosotros y podemos observarlas, a no ser que nos encerremos en el derrotismo. En relación con esto, el actor Harrison Ford apunta que un error no es un final, sino que puede resultar el inicio de una transformación: «Fracasar es la mejor manera de empezar de nuevo, pero de forma más inteligente».

Para protegerte del ruido del mundo, aléjate de aquellos que te distraen de tu propósito y no pierdas energía tratando de convencer a nadie. Si necesitas concentrarte, cultiva la meditación para convencerte a ti mismo. El siguiente punto puede servirte para ejercitar este músculo tan útil para desarrollar tu genio.

La meditación es vida

Si consideras que la meditación es un ejercicio en el que, durante un tiempo determinado del día, puedes conectar con tu ser, tu verdadero yo, y sentir tu esencia, entonces, ¿el resto del día no eres tú? No tiene mucho sentido. Lo ideal sería que fuéramos nosotros mismos todo el día, y llevar este estado de atención a todos los aspectos de nuestra vida cotidiana.

Los grandes maestros de la meditación siempre empiezan recomendando un ejercicio de respiración. Meditar pasa por respirar, que es el mismo medio que utilizamos para vivir. Por lo tanto, la meditación no es más que una técnica para darte cuenta de lo que es natural en ti: vivir.

Además de practicar la respiración serena y consciente, la meditación es una invitación a vivir en el aquí y el ahora; a sentir el presente en todo su potencial. Date cuenta de que, por mucho que te empeñes, todas las células de tu cuerpo, todo tu organismo e incluso todos tus pensamientos solo pueden estar en el presente. Por más que te proyectes al pasado o al futuro, tu vida solo sucede ahora. De este modo, la meditación es el estado natural del ser humano, puesto que la meditación y la vida acontecen en el mismo momento: el presente.

La meditación es importante en el estudio del geniotipo para tener un encuentro real con el presente, donde aflora tu talento y puedes desarrollar tu genialidad. Con el fin de conectar con el presente de nuestro talento, he compuesto muchas canciones y experimentado con muchos sonidos binaurales, como te he expuesto anteriormente. Te invito a visitar mi canal en YouTube, y a disfrutar de las meditaciones guiadas con música compuesta por mí.

Así pues, la meditación no es más que estar atento a lo que ocurre a tu alrededor. Si no estás habituado a meditar, te ofrezco un ejercicio fácil y estimulante para iniciarte:

1. Sitúate frente a unas cuantas manzanas.
2. Cierra los ojos y respira profundamente. Luego abre los ojos y escoge la primera manzana que te apetezca (no lo pienses, debe ser intuitivo).
3. Disponte a pelar la manzana o a lavarla, pero con atención plena (sin atender al WhatsApp, al teléfono, a Netflix, ni a cualquier otro estímulo). Se trata de una experiencia entre tú y la manzana.
4. Muerde la manzana y pon toda tu atención en su sabor.
5. Ahora cierra los ojos y experimenta con más profundidad su sabor, masticándola lentamente.
6. Dedícale el tiempo que necesites a degustar cada bocado de la manzana, sin prisas ni distracciones. Dale a la manzana el respeto que merece por alimentarte, y ofrécele tu gratitud cuando termines.

Al poner tu atención en la manzana, automáticamente estás experimentando un presente único. Eso hará que la experiencia sensorial se eleve a otro nivel, porque tomarás conciencia plena de que te estás alimentando.

Lleva este ejercicio a todo lo esencial de tu vida. ¿Te imaginas ducharte por el solo placer de ducharte, sin pensar en todo lo que ha habido antes o después de la ducha? Eso es meditar, eso es vivir el presente. En realidad, eso es vivir. Y estamos diseñados para que sea fácil para nosotros, sin ningún esfuerzo.

Fluye con el ahora

No es casualidad que la meditación, el talento y la pasión nazcan de un mismo lugar: el momento presente. Esta apreciación nos da mucho poder, como afirma Eckhart Tolle en su célebre libro *El poder del ahora*.

Cuando compongo una melodía o guío una meditación, no lo puedo estar haciendo mañana; solo es posible hacerlo ahora. Para sentirla y componerla ahora, debo poner todo mi talento a disposición del instante presente para dar lo mejor de mí mismo. Al hacerlo, estoy disfrutando tanto y es tanta mi pasión, que el tiempo se funde en una experiencia de *flow*, descrita maravillosamente por el psicólogo húngaro-americano Mihály Csíkszentmihályi.

Dedicarte a tu don, por lo tanto, conlleva meditar de la forma más auténtica. No te hará falta cerrar los ojos, ni recitar mantras, ni encender incienso u otros rituales. Estaréis solo tú y tu pasión, y el tiempo discurrirá desde el disfrute. Eso es lo más parecido al preciado estado de iluminación, que no es otra cosa que estar vibrando totalmente con lo que estás haciendo en el instante presente, sin pensar en nada más.

La iluminación es el reencuentro con todas aquellas virtudes naturales que afloran en ti: intuición, instinto, pasión, talento y atención. No busques la iluminación en un lugar divino y remoto, porque no la encontrarás. Está mucho más cerca, está aquí. Y abrazar tu talento es el camino más rápido a la iluminación.

Para concluir este capítulo, quiero decir que en este viaje he aprendido que uno no encuentra ni descubre nada: todo siempre estuvo ahí. No necesitas hacer nada especial para volverte un genio, solo descubrir y alimentar lo que ya eres.

11

Las anomalías de la educación

El talento no se puede enseñar,
pero se puede despertar.

ROBERT SCHUMANN

Es obvio que la educación actual no está enfocada en poner en valor los diversos dones y talentos de los niños, sino todo lo contrario. Lo que prima es el pensamiento único y formar a todos los alumnos por igual. Se enseña a los pequeños genios a superar exámenes para acceder a universidades o a puestos de trabajo, pero no a ser felices desarrollando sus mejores capacidades. A este fenómeno lo denomino *educastración*, porque desconecta a la persona de sus propios recursos, que son los que le permitirían poseer una abundancia real en todos los planos de la vida. ¡Con lo simple que sería estar pendientes del potencial de cada niño y desarrollarlo para que dé lo mejor de sí mismo! De este modo, viviría alineado de forma natural con su propio ser.

No hablamos solo del ámbito institucional, del sistema educativo en sí. Sabemos que la educación parte del núcleo familiar, de los padres o tutores que se encargan del niño. En este entorno, también se debería educar al niño según lo que realmente es, y no según lo que se proyecte en él, lo que perpetuaría el círculo vicioso de creencias familiares heredadas de generación en generación. Qué impacto ha tenido aquello de: «Estudia algo de provecho para ser alguien el día de mañana». ¡Como si ser alguien fuera sinónimo de felicidad! Pero, cuidado, porque este *alguien* se basa en una estabilidad económica o un reconocimiento social, y no en la relación con uno mismo.

En resumen, la base de la educación que recibimos debería potenciar nuestro talento y nuestros dones. Sin embargo, esto está muy lejos de la realidad actual.

Ken Robinson al habla

Vamos a escuchar a un gran maestro que he ido mencionando a lo largo del libro. El año 2020, entre todos los estragos causados por la pandemia de la COVID-19, tuvimos que lamentar la muerte de Ken Robinson, considerada como una de las voces más autorizadas del mundo en cuestiones de educación. Su charla «¿Matan las escuelas la creatividad?», en el momento de su muerte, fue la más vista de la historia, con más de sesenta y seis millones de visualizaciones en el canal TED Talks, además de las que obtuvo en YouTube.

Unos años antes, en su ponencia «Cómo escapar del valle de la muerte de la educación», ya señalaba varios principios cruciales para que nuestro talento pueda florecer. Uno de ellos es que los seres humanos somos naturalmente diferentes y diversos. Por lo tanto, nuestra misión es descubrir qué nos hace únicos (que es justamente la razón por la que este libro está en tus manos).

Otros principios determinantes para alcanzar el éxito son la curiosidad y el esfuerzo. Las personas más brillantes del mundo (pensemos en un físico nuclear o en un chef como Ferran Adrià) siempre están poniendo a prueba la realidad. Su curiosidad no cesa nunca, por muy lejos que hayan llegado. Se rigen por lo que el poeta británico T. S. Eliot plasmaba con estas bellas palabras: «No dejaremos de explorar y al final llegaremos al lugar desde el que salimos y lo conoceremos por primera vez». Ese lugar eres tú mismo, querido explorador o exploradora, y mi cometido es que descubras todos los tesoros que contienes.

Pero antes volvamos a Ken Robinson, que nos aporta cuatro claves que debemos tener en cuenta en el desarrollo de nuestro talento:

- Si no estás preparado para equivocarte, jamás llegarás a nada original. Ken Robinson decía en sus charlas que las escuelas se parecen a las fábricas, en el sentido de que estandarizan el pensamiento penalizando en los exámenes la equivocación, en lugar de apostar por la innovación. No olvidemos que incluso la ciencia avanza por prueba y error.
- Los niños de ahora harán trabajos que aún no están inventados: Y me atrevo a decir que también los adultos, especialmente ahora que el mundo está en una reinvención constante, y por lo que el pensamiento lineal ha dejado de tener sentido. Más que acumular conocimientos, necesitamos aprender a reflexionar, cada cual desde su talento, en lo que aún no existe.

- La creatividad se aprende igual que se aprende a leer: ¿Verdad que llegaste a dominar la lectura gracias a tener muchos libros en tus manos? Pues lo mismo sucede con las ideas. Cuantas más tengas, más vendrán a ti porque tu mundo se irá ampliando. Podríamos decir que exponerse e indagar un tema o una idea que te apasione es el motor de la creatividad integral.
- Una persona da lo mejor de sí misma cuando hace las cosas que ama, cuando está en su elemento. Así como el elemento del pez es el agua, necesitas descubrir cuál es el tuyo, dónde te sientes cómodo, qué amas hacer y qué se te da especialmente bien. Aspirar al éxito fuera de nuestro elemento sería como intentar plantar arroz en el desierto.

Terminaré este apartado con una enseñanza de Robinson que me parece especialmente brillante: «Lo único que sabemos es que el futuro será diferente. De ahí que sería inteligente por nuestra parte que hiciéramos eso mismo, observar lo diferente. Si vamos a afrontar desafíos, debemos pensar de manera muy distinta sobre los recursos humanos y sobre cómo desarrollarlos». Dicho con otras palabras, necesitamos abrazar y apostar por nuestro propio genio.

De la necesidad a la oportunidad

Para ahondar en este tema, voy a dar voz ahora a Cecilia Fabregat, la psicopedagoga de mi equipo. Afirma que la gran asignatura pendiente de los centros educativos es comprender toda la diversidad de alumnos que existe y darles una oportunidad a cada uno de ellos.

«En los claustros, formaciones o reuniones con equipos psicopedagógicos, el término que más se oye en boca de todos los profesionales que trabajamos en la comunidad educativa es el de "inclusión". La inclusión defiende que todos los alumnos, independientemente de sus características o dificultades (de aprendizaje, motoras, situación económica, social, etc.), deben poder acceder a una educación que les dote de recursos y estrategias para poder ser autónomos en su vida diaria.

»Sin embargo, la realidad es bien distinta. Los centros educativos no están dotados de todos los recursos necesarios para poder atender a cada uno de ellos. Y es aquí donde empiezan los problemas, porque hay personas que no tienen las mismas oportunidades.

»No hablamos de un niño recién llegado a España desde el Senegal, que habla mandinga, que ha cambiado su escuela rural por la de una ciudad de un país desconocido y que, si es adoptado, ahora está con personas que no ha visto en la vida (todas ellas circunstancias que producen en el niño tanto estrés que se bloquea y, durante un tiempo, tal vez sea incapaz de aprender). Nos referimos a casos más comunes, de personitas a las que el sistema educativo desprecia porque no saben hacer divisiones de dos cifras (operaciones, por otra parte, como las que hacemos con la calculadora del móvil cuando vamos a comer un grupo numeroso de personas, y hay que repartir la cuenta a escote). Si invirtiéramos el tiempo que dedicamos en enseñar una división de dos cifras a otro tipo de talentos, muchos genios ocultos saldrían a la luz.»

Afortunadamente, gracias a la evolución que se está dando en el mundo pedagógico, esto está cambiando. Empezamos a plantearnos si todos los niños deben aprender por igual los mismos contenidos y de la misma manera, y la respuesta es que no. Esto no significa que las escuelas no deban enseñar unos conocimientos generales, pero sí que debemos cambiar nuestra mirada sobre el aprendizaje, y entender que, porque un alumno no cumpla un objetivo curricular, no significa que no sea útil para otro cometido en la vida. Cecilia, que es psicóloga infantil desde hace más de diez años, trabaja con niñas y niños que presentan dificultades en algún aspecto de su vida diaria. En su experiencia, en muchas ocasiones la dificultad la padece el entorno, no el niño, aunque es él quien sufre las consecuencias de esa dificultad. ¿Quién no recuerda un profesor que le hizo sentir genial y otros que lo hundieron en la miseria?

Nuestra psicopedagoga nos explica que, a día de hoy, tenemos buenos instrumentos de evaluación para las dificultades que presenta una persona en cualquier momento de su vida. Sin embargo, las escuelas no cuentan con medios para conocer las virtudes o talentos que podemos explotar. Trabajaremos para que el modelo de los geniotipos empiece a solventar eso.

En la comunidad educativa actual, solo destaca el talento de aquellos niños y niñas con un rendimiento escolar muy bueno, pero estos alumnos son una minoría. La mayoría son alumnos que presentan un rendimiento académico normal. Y luego está la otra minoría, la de los alumnos que presentan un aprendizaje más lento de lo normal, con un trastorno asociado, o no. Para ellos, la mirada del sistema educativo es desde la necesidad educativa, no desde la oportunidad.

Pero ¿qué pasaría si a estos niños a los que se intenta integrar en el aula, con mucho esfuerzo por parte de los profesionales, pocos recursos desde la comunidad educativa y sin mucho éxito en ocasiones, les pudiéramos dar una verdadera oportunidad para desarrollar su propio talento? Pasaría algo parecido al ejemplo que, a continuación, nos pone Cecilia: «Su hijo no ha alcanzado los objetivos establecidos en la asignatura de matemáticas, pero destaca su gran capacidad para la oratoria, resuelve muy bien los conflictos que le surgen con los compañeros y tiene excelentes habilidades sociales».

¿A que suena distinto? ¡Vemos la luz! Todo cambia en el momento en el que damos prioridad a las capacidades de nuestros niños y niñas. Y no solo para desarrollar el propio talento, sino también para el bienestar de la persona.

Que nos valoren por aquello que se nos da bien fomenta nuestra autoestima. Que nos enseñen cuáles son nuestras dificultades, cómo gestionarlas y qué hacer con ellas nos ayuda en nuestro autoconcepto. Dotar de educación emocional a nuestros niños, les procurará herramientas y estrategias para ser resilientes. Y ¿qué obtenemos fomentando en los niños y las niñas una buena autoestima, seguridad y un concepto real de sí mismos? Un adulto feliz. Esto es lo que llevó a Cecilia a colaborar con el proyecto del geniotipo. Su misión es ayudar a crear un mundo educativo mejor del que tenemos.

Formatear mentes

La educación, tal como aún se entiende, es un proceso de homogeneización, un modo de formatear lo que hay de genuino dentro de nosotros, con el fin de lograr copias idénticas, como si de una cadena de producción se tratara.

Todos hemos pasado por centros de formación. Curiosamente, las palabras *formar* y *formatear* provienen etimológicamente del término latín *formare*, que implica sustituir unos archivos originales por otros. Es decir, da igual qué talento o don tengamos al nacer: nos formarán para que encajemos con los dogmas de la época en la que vivimos. Así, nos convertiremos exactamente en lo que se espera de un ciudadano: un sujeto pasivo más de la sociedad, que compite contra todos en una carrera que nunca se termina. Esta es la desconexión de la esencia que logra la «educastración».

Ligia Estruch, trabajadora social de mi equipo, describe este fenómeno así: «La escuela se centra en enseñar los conceptos que considera importantes para ser una persona válida en esta sociedad. De este modo, se hace entender que lo conveniente es el intelecto, dejando de lado el resto de capacidades. Desde ahí, aprendemos a competir en lugar de cooperar, y a convertirnos en adultos productivos en lugar de proactivos. Es un modelo educativo que desmotiva al alumnado, y que provoca la alienación de la potencialidad de la persona».

Este ciudadano alienado ha olvidado que todo el conocimiento vital está ya dentro de sí mismo, y que no requiere otro esfuerzo que mirar hacia su interior, porque en nuestro interior termina el viaje.

Desde esta perspectiva parte lo que denomino la «primera anomalía», ya que el don no nace del ego, sino que es innato. No proviene de ningún plan de negocio, sino de tu verdadera naturaleza biológica, de tu *mabui*. Sin embargo, al formarnos, nos enseñan que hay que pagar facturas y llegar a final de mes. Nos orientan para cumplir con este objetivo mundano, sin tener en cuenta nuestra esencia y nuestras habilidades. Y esto nos desafina, utilizando el lenguaje musical.

En la «carrera de ratas»

Como dice el empresario y escritor hawaiano Robert Kiyosaki, autor de *Padre rico, Padre pobre*, esta visión materialista de la vida nos emplaza a lo que él llama la «carrera de ratas» o, lo que es lo mismo, correr para ganar dinero y poder pagar las facturas, y luego vuelta a empezar.

Con esta dinámica, no es de extrañar que perdamos de vista nuestra esencia, nuestro *mabui*, y que nos resignemos y pensemos que vivir de lo que nos hace feliz es solo un sueño. Nos decimos que hay que madurar y ser responsables, y, con tal de llegar a final de mes, le pedimos a nuestra conciencia que se realice en algo para lo que no está hecha. Para ir contra tu propia esencia existe un discurso mental muy elaborado, lleno de autoengaños populares, cargados de frases llenas de torpeza como «Esto es lo que hay», «La vida es así», «La vida es dura» y, sobre todo, «De algo hay que vivir». Pero ¿seguro que es así? En realidad, si lo pensamos bien, la expresión sería más precisa si dijéramos «De algo hay que malvivir», en el caso de que nos esforcemos en ir en contra de nosotros mismos, lo cual conlleva estrés y enfermedades físicas y mentales.

Poco a poco, estos mantras colectivos van calando y, como todo el mundo está metido en la «carrera de ratas», asumimos que debemos seguir estos dictámenes, porque entendemos que la vida debe ser así, y no podemos ver más allá. Pero que sea lo habitual no significa que sea lo normal. No es normal que, siendo la especie más evolucionada del planeta, tengamos que subastar nuestra fuerza laboral. No es normal que el universo nos mande aquí con el único propósito existencial de sobrevivir y cubrir nuestros gastos, sin desarrollar nuestro propósito de vida.

Somos la única especie de este planeta que vive en el esfuerzo, la queja y la escasez. ¡No es normal!

Como dice el filósofo surcoreano Byung-Chul Han, el trabajo es la esclavitud perfecta, ya que consigue que incluso pienses que es un derecho. Y lo peor de todo es que nos lo creemos. El sistema es tan perfecto que genera desempleo para que nos convenzamos de que trabajar es un privilegio. Pero ¿qué ocurriría si no te levantaras por las mañanas para ir a trabajar? ¿Cómo cubrirías las necesidades básicas, como comprar comida o pagar la hipoteca o el alquiler para dormir bajo un techo? Todos nos hacemos este tipo de preguntas a veces, y esas dudas nos mantienen continuamente en esta «carrera de ratas» constante.

Aunque vivimos dentro de este sistema económico, nuestra conciencia intuye que esto no es como debería ser. Si estoy obligado a entregar mis horas de vida a cambio de dinero para pagar facturas, esto deja ya de ser un derecho para pasar a ser una imposición. Bienvenido a la era de la esclavitud perfecta. Ante esa tesitura, tienes tres opciones:

- Autoengañarte y aceptar tu rol de sujeto pasivo en la «carrera de ratas».
- Quejarte del sistema y manifestarte a tu manera, pero sigues aceptando tu papel diario porque «Las cosas son como son, y yo no las puedo cambiar». Esta segunda opción es la que promueve que el mundo esté enfermando.
- Elegir ser tú mismo. Esto implica ser auténtico y genuino; no ser uno más, pero no desde la competencia, sino desde la virtud. Es decir, reconocer tu genialidad, lo cual no es otra cosa que darte cuenta de que tu *mabui* es una fuente inagotable de pasión y talento.

«Nadie respeta un talento oculto», aseguraba Erasmo de Róterdam. Si no entregamos nuestros dones al mundo es como si no los tuviéramos. La ausencia de creatividad esencial nos condena a una vida de mediocridad. Necesitamos salir de esta trampa y, en pos de ese objetivo, conocer nuestro geniotipo y profundizar en él, lo que nos llevará a saber quiénes somos y qué hemos venido a hacer aquí. De este modo, podremos cumplir con nuestro propósito de vida de forma consciente. Porque insisto, si tu propósito de vida es ser cantante, nunca te sentirás realizado en una gestoría. No se puede brillar en un trabajo que no es el que te corresponde de forma natural. Te convertirás en un sujeto pasivo más de la esclavitud integral. Esta idea nos conduce a la «segunda anomalía», que alcanza la categoría de fenómeno social: separar tu vida personal de tu vida profesional; crear dos mundos dentro de una sola vida. ¡Es una locura! ¿Cómo puedes tener un trabajo que no represente el ser humano que ya eres? Cuando trabajas de lo tuyo, fluyes amorosamente con tu tarea y eso estimula la imaginación y el mayor tesoro que tenemos en nuestro interior: la creatividad integral. Lo contrario, resistirte y conformarte con un trabajo que es ajeno a tu esencia, te lleva a la monotonía y a la muerte de la pasión.

Por eso, ¿no crees que merece la pena atreverte a hacer un plan para escapar de la «carrera de ratas»? Es conveniente salir del armario y ser quien eres, así como vivir y desplegar toda tu genialidad. Vamos a ocuparnos un poco más de cómo conocerla.

Zig Ziglar, un célebre orador motivacional de Estados Unidos, nos avisa de que existe una cierta cantidad de insatisfacción al saber que tu tiempo, talento y habilidades no se están utilizando adecuadamente. Esta insatisfacción es un aviso de que no estamos siendo fieles a nuestro *mabui*. Para reparar ese error debemos conocernos mejor.

Como he mencionado antes, para una parte de esta investigación me he rodeado de excelentes profesionales de diferentes campos. Siempre digo que la ciencia aporta luz a la consciencia. Por eso, para mí es importante contar con un equipo de biólogos, neurólogos, psicólogos, psicopedagogos y *coaches* que, además de investigar sobre el talento y crear un método para reconocer el geniotipo personal, acompañe y marque las pautas para saber desarrollarlo.

Entre ellos está Adrià Trujillo, uno de los psicólogos del equipo, que explica de la siguiente manera la herramienta que estás conociendo en este libro: «El geniotipo nos permite entender una parte muy esencial de nosotros mismos, pues nos aporta información sobre un conjunto de rasgos que nos definen y nos dan forma: qué tipo de relaciones tengo con los demás, qué profesiones o vocaciones encajan más con mi perfil o qué sombras o defectos debo conocer y sortear en mi día a día».

Para su óptima evolución, el ser humano necesita conocer lo mejor posible su mente, sus emociones y su conducta. En suma, su vida. Y el geniotipo es una hoja de ruta para llegar al éxito ante esta delicada operación.

Según Adrià Trujillo, desde la perspectiva de la psicología de la salud (que estudia cómo los procesos psicológicos y del comportamiento influyen en los estados de salud y de enfermedad) el factor biopsicosocial es esencial para comprender los estados que experimenta el ser humano. Hablamos de cómo pensamos las cosas, cómo responde el cuerpo ante los acontecimientos de la vida cotidiana, de cuántas redes de apoyo disponemos, etc. Sin estos elementos, no podemos entender a la persona en su totalidad.

Es decir, un geniotipo Cuadrado no piensa de la misma forma que un Círculo, un Rombo o un Infinito. Y tampoco es lo mismo lo que busca cada geniotipo en su vida, las vocaciones o profesiones deseadas, o el tipo de relaciones que quiere tener.

¿Cómo puede el geniotipo cambiar nuestra esfera social? Pues, por ejemplo, dejando de lado aquellas relaciones tóxicas con personas que no nos convienen, estableciendo verdaderos lazos con aquellas personas con las que tenemos afinidad, así como mejorando nuestro autoconcepto.

¿Cómo puede el geniotipo cambiar nuestro cuerpo? Al conocer nuestra verdadera vocación, podemos reducir el estrés que experimentamos cada vez que vamos al trabajo no deseado e impuesto para ganar dinero, disminuyendo así el envejecimiento prematuro de nuestras células, provocado por dicho estrés crónico.

No olvidemos que nuestra mente y nuestras emociones pueden crear un efecto placebo o nocebo en nuestro cuerpo, en función de lo que pensamos y sentimos. En relación con este tema que comenta Adrià Trujillo, la nutricionista del equipo, Raquel Valero, nos aportará más información en el siguiente capítulo.

En nuestro camino hacia el autoconocimiento, el geniotipo permite romper esas barreras que nos hemos o nos han impuesto. Nos permite ser una buena madre con nosotros mismos, aceptando lo bueno y lo malo, y dejando de resistirnos a nuestra esencia. Cuando sabemos quiénes somos, ya no hay lugar para la culpa, la insatisfacción o el rencor (hacia nosotros mismos o hacia los demás); aprendemos a cambiar la relación que tenemos con los eventos externos e internos y, sobre todo, descubrimos nuestros valores vitales: qué hemos venido a hacer, cuál es nuestra misión, para qué somos útiles.

Lo importante no es ser un geniotipo u otro, sino vivirlo y actuar en consecuencia cada día, y para el resto de nuestras vidas. Solo así experimentaremos todo nuestro *mabui*.

12

El geniotipo en las relaciones

> El encuentro entre dos personalidades es como el contacto entre dos sustancias químicas.
> Si hay alguna reacción, ambas serán transformadas.
>
> Carl Gustav Jung

Nos relacionamos constantemente con otros seres humanos. Pero, curiosamente, nos suele costar bastante hacerlo, como si en cada relación caminásemos sobre arenas movedizas. Aunque podamos pensar que conocemos mucho a una persona, siempre habrá disgustos, enfados, broncas, tristeza o reacciones inesperadas. Y da igual que sea una relación familiar, de amistad, de pareja o laboral. Lo importante no es el grado de relación, sino el conocimiento que tenemos de la persona con la que nos relacionamos.

En este capítulo vamos a ahondar en las relaciones personales y laborales.

¿Te imaginas cómo mejoraría tu vida si la relación con tu

jefe, con tu familia, con tu mejor amigo o amiga, con tus compañeros de trabajo o con los clientes importantes fuese óptima?

Para ello hay que tener la voluntad mutua de comprenderse. Ese es el punto de partida. De otro modo no entenderemos por qué alguien tiene la necesidad de cuidar a otra persona, o por qué hay gente que nos intoxica, mientras que otra nos nutre e inspira.

Y lo más interesante es que, muchas veces, construimos una relación basándonos en nuestras creencias, y no por lo que la persona es. Es decir, la relación que tenemos con una persona determinada puede fundamentarse en una fantasía basada en nuestras propias necesidades y expectativas.

Lo aceptemos o no, solemos juzgar a otras personas por lo que pensamos que son. Pero lo más curioso es que antes de ese juicio existe un prejuicio, y la pregunta es: ¿cómo podemos tener opinión sobre alguien antes de que haya pronunciado una sola palabra? ¿De dónde salen los juicios que realizamos de las personas, cuando no sabemos absolutamente nada de ellas?

Así, nuestras relaciones con los demás se producen en un entorno de conocidos o desconocidos, aunque muchas veces nuestros conocidos son los grandes desconocidos, en esencia porque nos hemos fabricado mentalmente nuestra relación con ellos, según nuestros juicios o necesidades. Para enderezar estos malentendidos, vamos a empezar por lo desconocido.

¿Nos conocemos?

Nuestra forma de relacionarnos con los demás se basa en prejuicios, lo cual es una lástima, porque así nos privamos de la oportunidad de vivir experiencias auténticas. Puede que creas que te has enamorado de alguien cuando lo ves por primera vez, pero quizá lo que suceda es que su imagen te recuerda a un amor pasado o a un ídolo olvidado de tu adolescencia.

¿No es cierto que mucha gente asegura encontrar siempre parejas que cumplen el mismo patrón? Nuestros programas mentales obsoletos son responsables de esa repetición. Si nos abriéramos a conocer a esa persona en toda su realidad, descubriríamos a un ser único que no es como lo prejuzgábamos. Esto haría que, a la larga, no nos parezca que una persona determinada, de repente, ha cambiado. ¿Seguro? ¿No será que esa persona siempre ha sido así y que teníamos una opinión de ella basada en nuestras propias fantasías y conveniencias?

Para que caiga el velo que nos impide conocer al otro, el geniotipo nos puede aportar mucha información. Pero no solo sobre una persona que acabamos de conocer, sino también sobre nosotros mismos al descubrir cómo somos al relacionarnos.

Cuando estaba escribiendo este libro, una chica que estaba haciendo conmigo el Programa de desarrollo personal de tu geniotipo me dijo que no sabía por qué cada vez había más personas con las que le costaba entenderse. Las conversaciones le resultaban difíciles y eso le producía frustración. Me decía que cuanto más se autoconocía, más ricas eran sus charlas con determinadas personas, y más lejos se sentía de otras. Lo que me explicaba esta chica no tenía nada que ver con el ego (que fuera mejor que algunas personas), sino que era una cuestión de piel, de *feeling*.

Le dije que su geniotipo, que en su caso era Infinito, explicaba lo que le sucedía. Cuanto más autoconocimiento tuviera de ella misma, y más empoderada se sintiera, más afinidad sentiría hacia las personas a las que les gusta filosofar, la gente de mente abierta y con una visión bonita de la vida. Al mismo tiempo, le costaría relacionarse con personas adictas a los videojuegos o que les importase más el aspecto físico y el gimnasio que el crecimiento personal.

Este tipo de información sobre el geniotipo nos ayuda a deshacernos de los prejuicios, disfrazados bajo expresiones como: «No nos llevamos bien», «Me cae mal» o «No lo soporto». Al conocer nuestro geniotipo, tomamos conciencia de lo que nos puede ofrecer cada ser humano, sin esperar que sea otra cosa.

Si una persona es Rectángulo, no le pidas aventuras ni salir de su zona de confort. Son muchas las personas que se casan y que, al cabo de poco tiempo, empiezan a pedir cambios a su pareja para que se amolde a sus expectativas. Con el paso del tiempo, incluso podemos llegar a la conclusión de que aquella persona que creíamos cercana, en el fondo, es una gran desconocida. Y eso nos descoloca. Pero lo que ha ocurrido, en realidad, es que la imagen mental va dejando paso a la persona real, y toda la distorsión con la que veíamos esa imagen va desapareciendo.

Dos casos prácticos

Pueden darse dos fenómenos cuando nos relacionamos: que estemos alineados con nuestro geniotipo o que no lo estemos. Dicho de otra manera, que estemos más o menos bien con nosotros mismos.

Veamos el ejemplo de dos relaciones de mi entorno personal, que coinciden en la combinación de geniotipos, pero de sexo opuesto. Antes de seguir, debo aclarar que tengo el permiso de ambas parejas para relatar lo que viene a continuación.

Empezaremos por la pareja en la que ella es Elipse, y hace un par de años que está en una relación. Él, por el trato que hemos tenido, me parece una persona encantadora. Pero ocurre que ella, como buena Elipse con ascendente Infinito (sí, hay ascendentes en determinados geniotipos que amplían el propio *mabui* y proporcionan más autoconocimiento), es una persona creativa y con la mente siempre abierta a nuevas posibilidades. Se trata de alguien que se ha preocupado por conocerse a sí misma, aunque nunca se ha lanzado a dedicarse a lo que le gusta, es decir, a crear para expandir conocimiento. Muy al contrario, ha trabajado como administrativa casi toda su vida y no se acaba de decidir a dar el paso por distintas razones. Ella es consciente de lo que le ocurre y cómo sufre por ello.

Por otro lado, a su pareja, que es Rectángulo, no le resulta fácil comunicarse ni expresar su mundo interior. Además, tampoco tiene un interés especial en hacerlo. Está encantado con su trabajo en el sector industrial, con el que se gana muy bien la vida y le apasiona. No necesita nada más. De modo que no ve la necesidad de abrirse para mostrar cómo está por dentro, tal y como ella le pide. Él reconoce el esfuerzo de ella en intentar ayudarle con su mundo interior, pero no se siente cómodo con ello.

Aquí es donde entra la comprensión del geniotipo. Ella, en apariencia, no está haciendo nada malo; solo le invita a abrirse. Es más, no lo puede evitar como Elipse que es. Por su parte, él, como buen Rectángulo, no siente que esté haciendo algo mal al no acceder a ello. Para un Rectángulo, el autoconocimiento no es una prioridad, ni se encuentra entre sus necesidades.

Si profundizamos más en este caso, veremos que ella, Elipse, está frustrada con su vida por no poder hacer lo que desea; y él, al contrario, está más que conforme con su situación. Es normal que esto le provoque rabia a su pareja, aunque no sea consciente de ello. Elipse, en un estado de frustración, necesita movimiento, cambios para encontrar algo que explique lo que le ocurre. Dispara en todas direcciones, a ver si en algún lado puede apagar su frustración. Y si tiene que culpar a su pareja con la excusa de «Es imposible hablar contigo», lo hace.

Si la historia fuese al revés (con un Rectángulo frustrado porque no encuentra lo que le motiva), su actitud no sería la de intentar que su pareja avanzara en su crecimiento personal, o se abriera y explicase sus emociones. Lo que haría sería seguir con su camino, sin más. Es decir, no volcaría su frustración en su pareja.

Veamos ahora el ejemplo de la segunda pareja, en la que él es Elipse y ella es de matriz Rectángulo con ascendente Círculo. Llevan casi diecinueve años juntos y él está encantado con su profesión como artista. Ha tenido una vida con más o menos trabajo, pero está orgulloso de decir que, a sus casi cincuenta años, sigue viviendo de la música. Esta felicidad le permite comprender la vida con una mente totalmente abierta. Como buen Elipse que es, puede comprender casi todo lo que le sucede en la vida, así como su entorno.

Por su parte, ella, a día de hoy, no sabe aún lo que le apasiona, pero se siente acompañada por su pareja. Para una persona de matriz Rectángulo eso ya es suficiente. Ha llegado a pasar largas temporadas inactiva en casa, esperando a que su marido llegase del trabajo. Ese tipo de vida le es suficiente y no necesita nada más.

Tras ver estos dos casos prácticos, deducimos que una buena relación depende de dos factores:

- Lo alineado que estés con tu geniotipo.
- El conocimiento y la aceptación que tengas del geniotipo del otro.

Cuando uno de los dos intenta cambiar al otro, sin ser consciente de su geniotipo, provoca sufrimiento e incomprensión. En un contexto como este, se pueden dar comentarios como «Es que no quiere cambiar», «Yo ya no sé qué hacer» (desde la resignación), o «Mira que lo he intentado, pero...» (desde la frustración).

¿Te imaginas pedirle a un gato que ladre para que la relación se salve? Elipse todavía podría llegar a imaginar a un gato ladrando, pero para un Rectángulo eso es inconcebible.

No te divorcies de ti mismo

Conocer los geniotipos ayuda a profundizar en una relación, pero también hay que tener en cuenta otros aspectos. Tratar de ayudar a nuestra pareja para que sea o se sienta mejor es una tarea que raya la arrogancia, porque eso implica que no estás agradecido con lo que la vida te ha puesto delante.

Si estás con alguien es porque aceptas a esa persona tal y como es. De hecho, es perfecta porque existe de este modo, aquí y ahora. Todo lo que sucede en tu momento presente es la vida manifestándose. Por lo tanto, tu compañero o compañera tiene que ser así en este momento de tu evolución. Si lo rechazas o intentas cambiarlo, implica que no estás conforme con su momento presente y quieres forzar las cosas. En tal caso, tal vez lo mejor sea que cada cual se vaya por su lado.

Es absurdo empezar una relación con una persona que tiene aspectos que no nos acaban de convencer, pero que pensamos que con el tiempo podremos modificar. Aunque no se haga con mala intención, la relación no va a funcionar y resulta injusto para las dos partes, además de que asegura la infelicidad en la pareja. Al final, el *mabui* de cada uno siempre será el mismo, y si uno tiene esencia de agua y el otro de aceite, difícilmente casarán, a no ser que alguno de los dos renuncie a ser lo que es.

Para apreciar y respetar cómo es cada geniotipo, vamos a repasar cómo se comporta cada uno en las relaciones.

Infinito

Pese a su voluntad de servicio, las relaciones de este geniotipo no siempre son fáciles. En la infancia y adolescencia es común que no se sienta comprendido. Eso le marca y, sumado a su pasión por el conocimiento, en las aulas puede pasar por *nerd*. En la edad adulta, puede seguir sintiéndose incomprendido, con un ideal de pareja o de amistad que le condena a la soledad.

Especialmente en las relaciones de pareja, le cuesta dar a conocer sus necesidades, sobre todo en fases en las que Infinito está más conectado con la mente que con el corazón. Como compañero sentimental, de este perfil a menudo se dice que está en las nubes y eso puede irritar a su pareja que, a su vez, no se sentirá escuchada en las cuestiones más cotidianas. Algunos Infinitos son despistados en las tareas del día a día, y tienden a la acumulación de cosas, lo cual es otro foco de tensión para la convivencia.

Socialmente, Infinito necesita encontrar un equilibrio entre la incomprensión de su círculo íntimo y la adulación del resto del mundo, que puede hacerle perder el norte y creerse más de lo que es. Este es el motivo por el que, en su estado no saludable, es propenso a seducir y a cambiar frecuentemente de pareja, o bien a no encontrarla nunca.

En cuanto a su complementariedad con otros perfiles, su don de gentes hace que pueda adaptarse a todos los geniotipos, pero con quien más disfrutará es con otro Infinito, con el que podrá compartir debates intelectuales. Con Rombo y Pentágono puede tener relaciones fértiles, por su contacto con lo trascendente, aunque Círculo le puede llevar a otro nivel por su compasión e intuición.

Cuadrado

Dado que a este geniotipo le cuesta mucho salir de sus lindes mentales, es difícil llegar a acuerdos con él cuando se le mete una idea en la cabeza. Por lo tanto, en sus relaciones personales se siente más cómodo con perfiles sumisos o adaptables. No obstante, al sociabilizar puede adaptarse a cualquier perfil, aunque después siempre va a la suya, independientemente de lo que piensen los demás. En este sentido, no sufre cuando las amistades desaparecen, porque les da relativamente poca importancia. Se siente un líder, y quien no quiera acompañarle es fácilmente sustituible.

Puesto que dejarse llevar por lo que siente no entra dentro de su conducta habitual, tendrá que trabajarse mucho para estar en buenos términos con la mayoría de los geniotipos.

A la hora de formar pareja, dos Cuadrados sería una conjunción poco afortunada, ya que ninguno de los dos cederá. Para resolver una discusión, uno de los dos debe dar la razón al otro, y eso no sucedería fácilmente entre dos ejemplares de este geniotipo.

En los conflictos que surgen en toda relación, si este perfil tiene una base intelectual fuerte, todos sus conocimientos conformarán una red de seguridad en la que apoyarse para argumentar su postura y no cambiar de opinión. Y, si es poco culto, ante cualquier conflicto lanzará expresiones como «¡Que no, y punto!», «Esto es lo que hay», «Déjame en paz» o «No te entiendo» para zanjar así la cuestión.

Por lo tanto, los geniotipos ideales para Cuadrado en el amor serían Triángulo, Rombo, Infinito y, sobre todo, Círculo. Este último, por su tendencia a la baja autoestima, puede convertirse en presa fácil y Cuadrado puede llegar a anularlo, ya que le será muy fácil imponer su criterio.

En cambio, Infinito tiene mucha más capacidad argumentativa y, desde su intelectualidad, puede hacerle entender que hay algo más de lo que él o ella piensa. Si Cuadrado encuentra a alguien que argumente bien, puede llegar a modificar sus opiniones.

A Triángulo y a Rombo no los verá venir nunca; al primero por su poder de manipulación; y al segundo, por su rico mundo interior. Ambos le pueden dar la razón, pero luego harán lo que consideren más oportuno. Pueden jugar fácilmente con él, porque la astucia y la perspicacia no son los mejores atributos de Cuadrado.

Elipse

A la hora de relacionarse, tanto en el amor como en las amistades, Elipse puede estar prácticamente con todos los geniotipos porque tiene suficiente inteligencia emocional como para adaptarse. Los más distintos a sus características, como Cuadrado o Rectángulo, pueden ser un buen complemento, ya que le permitirán desarrollar su creatividad mientras tienen una base estable donde apoyarse.

Infinito puede convenirle por su capacidad de comprender las heridas del alma, y la genialidad extrema de Estrella prenderá la mecha del amor, aunque muchas veces son relaciones que se queman muy pronto.

Este geniotipo puede ser feliz llevando una vida muy humilde, compartiendo sueños con otros Elipses, y es capaz de comprender los dramas emocionales de Rombo.

En general, Elipse tiene muchas virtudes a la hora de relacionarse, y encaja con toda clase de caracteres, siempre que se respete su autenticidad y tenga libertad para crear y para crearse.

Otra cosa es la ruptura, que resulta muy difícil de aceptar para Elipse, y puede vivirla como un drama. Este proceso implicará muchas veces una búsqueda interior o revisar su idealización del amor. A medida que vaya madurando, sin embargo, puede llegar a sentirse muy a gusto sin pareja.

Triángulo

Este geniotipo es adaptativo y, por lo tanto, puede congeniar con cualquier otro perfil, ya que la empatía y su extroversión natural le ayudan a acercarse a toda clase de personas. Puede generar grandes relaciones personales, así como amorosas, porque su don de gentes le permite llegar fácilmente al corazón de los demás. El problema es que a veces da una imagen que dista mucho de la realidad. Esto hará que los demás, con el tiempo, desconfíen un poco de este geniotipo, porque lo ven capaz de cualquier cosa.

Triángulo posee una sabiduría natural gracias a su mentalidad abierta. Al tener mucha experiencia, sabe filosofar sobre cualquier cosa, pero también es el aliado perfecto para emprender. En su versión sana, es el compañero de viaje ideal para cualquier perfil. Solo si, de forma súbita, siente que su actividad decae y empieza a faltarle autoestima, puede llegar a situaciones destructivas. Aunque Triángulo no suele rendirse.

Círculo

Este geniotipo puede relacionarse sin problema con cualquiera de los otros perfiles, incluso con quienes no han desarrollado todo su potencial, porque ama incondicionalmente. Y eso puede que cambie su rol en la pareja dependiendo de su grado de empoderamiento.

Un Círculo con baja autoestima se acoplará a su pareja y será sumiso. Si, por ejemplo, tiene ganas de crear cosas, pero está con un Rectángulo que no le apoya, renunciará a lo que le gustaría hacer y se amoldará a las necesidades de su pareja. Dado que a Círculo le cuesta creer en sí mismo, si su compañero de vida no le da apoyo, dejará fácilmente de lado sus planes y sueños.

En su estado saludable, cuando este geniotipo tiene una buena autoestima, es imparable, y se convierte en el eje de la relación. En ese caso, Infinito o Pentágono pueden ser su complemento ideal.

Cuando dos Círculos se emparejan, pueden vivir un romance propio de película, aunque en su vida en común habrá mucho aire: vivirán en las nubes y con una economía complicada.

En las relaciones sociales, es un geniotipo que da sin límites, y a veces no entiende por qué no recibe de un modo parecido. Es fácil abusar de su generosidad, porque nunca duda en ponerse en el lugar de la otra persona y hacerse responsable de su problema, y luego le sabe mal si esa ayuda no ha servido de mucho. En cualquier caso, ayudar a los demás forma parte de su *mabui*.

Rectángulo

Este geniotipo es muy poco conflictivo, así que puede adaptarse a cualquier perfil, siempre y cuando le permita sentirse confortable. Rectángulo no quiere estrés, ni es amigo de los debates. Es ese amigo bonachón y leal, con el que resulta fácil llevarse bien y que necesita pertenecer a un grupo. Por este motivo, pocas veces traicionará y su compañía será fiel. Destaca como buen cuidador y proporciona a su pareja todo lo que necesita dentro de una moderada normalidad (no hay que pedirle la luna, porque su misión en la vida no es esta).

A pesar de ser un geniotipo sencillo, difícilmente encajará con Elipse, ya que soñar no es lo suyo. Necesita que sus pies estén bien asentados sobre la tierra. Solo si tiene las espaldas muy bien cubiertas, puede ser el campo de base para los geniotipos más imaginativos y temerarios.

Por su pragmatismo y mirada simple (que no simplona), Rectángulo se adapta muy bien a todas las circunstancias. En sus relaciones, este geniotipo ofrecerá apoyo, amor, confort, seguridad, buena compañía. Pero no hay que pedirle filosofía, creatividad, riesgo o aventura, porque ama la vida sencilla, ni tampoco que intente cambiar sus ideas fijas.

Debido a su pasividad, puede anular a otros geniotipos. No le importa quedarse en casa mientras su pareja sale o está ocupada con mil cosas, porque Rectángulo traza una clara línea entre el trabajo y el descanso. Cuando cesa la actividad, le gusta reposar como una montaña.

Pentágono

Las relaciones con un Pentágono equilibrado son generosas y fluyen fácilmente, siempre y cuando se le dé el espacio necesario para desarrollar su pasión. En tal caso, no necesitará compensación por parte de su pareja. Ahora bien, no es alguien a quien se le pueda pedir que sea como todo el mundo, ya que eso no forma parte de su esencia. La mayoría de los geniotipos se lo reprocharán con frases del tipo: «Tienes tiempo para todo el mundo, menos para mí».

Con Pentágono se puede hablar de ciencia, de la vida, de cultura, de matemáticas, de filosofía, etc. Puede llegar a ser un auténtico friki. En este sentido, Infinito, por su sabiduría, y Rectángulo, por su capacidad de compensar un exceso de genialidad, podrían ser su pareja perfecta.

También Cuadrado puede ser un buen complemento para este perfil, especialmente cuando Pentágono sucumbe en una vida desordenada, en la que da absoluta prioridad a su pasión, y Cuadrado puede ayudarle a poner un poco de orden.

En general, es el resto de geniotipos que acompañan a Pentágono, y no al revés. Pero no porque Pentágono sea un macho alfa o una amazona irreductible, sino porque este geniotipo suele tener las cosas muy claras. Aunque pueda tener grandes subidas y bajadas emocionales, gracias a su mentalidad abierta, siempre buscará lo mejor para todas las partes.

Rombo

Este geniotipo es muy especial, y su pareja o amistades deben saberlo tratar, porque detrás de su sensibilidad trascendental y oscura, hay un ser humano que quiere ser amado y que tiene una enorme capacidad de cuidar. Por lo tanto, necesita a su lado un perfil que comprenda su mundo, sin hacerle sentir extraño ni juzgado. Si goza de la comprensión de su pareja, es un geniotipo muy fiel.

Para eso es excelente que se relacione con Círculo e Infinito, o incluso con Rectángulo o Triángulo. Si se juntara con Elipse o con otro Rombo, la relación podría convertirse en una gran aventura, pero le faltaría un sostén para los inevitables momentos de crisis. Aunque el perfil más desfavorable para Rombo (a no ser que renunciase a ser como es) es Cuadrado. No hay química esencial, a no ser que cada uno respete mucho el mundo del otro.

En su estado de sombra, como padres pueden llenar la cabeza a sus hijos con teorías extrañas y hacerles cargar con responsabilidades que no les corresponden. Algunos Rombos generan situaciones surrealistas con sus hijos, haciéndoles creer que hay cosas en la vida que no se pueden conseguir sino se está predestinado a ello.

Estrella

Las relaciones para Estrella no son fáciles, ya que no suele confiar en los demás debido a las veces que este geniotipo ha sido traicionado por interés. Por su parte, suele aprovecharse de su aura para lograr lo que quieren de cualquier persona, y eso genera confusión y le impide crear relaciones reales. Además, el centro de atención es Estrella, y a este geniotipo le cuesta dejar de hacer su vida para estar pendiente de otras personas.

No obstante, con una buena gestión emocional, Estrella será fiel a sus verdaderas amistades, las que están con él o ella por el ser humano que es, y no por su don. En su versión saludable, encontrará en su pareja su punto de equilibrio, el compañero o la compañera que le dice las cosas de forma asertiva y directa, y le baja de su pedestal. Y Estrella necesita tanto esto, que difícilmente querrá desvincularse de una persona así.

Para su crecimiento profesional, a Estrella le irá muy bien la firmeza y el orden de Cuadrado. Ahora bien, el amor de Círculo o la compañía y discreción de Rectángulo también pueden ser buenos compañeros de viaje, siempre y cuando el ego de Estrella no se los lleve por delante.

¿Te imaginas contratar a alguien con un currículum excepcional, pero que su talento no se corresponde con lo que muestra su expediente? ¿Es posible realizar una buena trayectoria profesional con algo por lo que no sientes pasión? Pues sí, por desgracia, y es muy habitual. Ejemplos típicos serían los abogados que ejercen como tales para perpetuar la tradición familiar; o aquellas personas que acaban siendo médicos porque sus padres quieren que lo sean; o quienes se ven obligados a tomar el relevo de un negocio familiar que no les interesa.

Y es que los padres desempeñan un papel importante en este tipo de situaciones. Por ejemplo, la prima de mi mujer, que tiene catorce años, no tiene claro qué quiere ser de mayor aún. De momento le atrae ser bailarina, pero su madre insiste en que sea doctora, actitud que lo único que puede traer es frustración para ambas.

Otra casuística es la de los que buscan estabilidad y estudian una carrera o se especializan en algo que no les interesa en absoluto «para ganarse la vida». En este sentido, conozco muchos casos de funcionarios que han luchado por serlo solo porque eso representaba un sueldo seguro. Con este fin, han estudiado muchísimo para luego terminar trabajando de lo que les digan. Obviamente, no todos los casos son así, pero es muy habitual en la función pública.

En este apartado que nos ocupa, igual que hemos visto en el dedicado a las relaciones personales, es importante comprender que nuestra relación laboral, ya sea con compañeros de trabajo o con un jefe o subordinados, conocer el geniotipo es una cuestión fundamental.

Si yo, como encargado de recursos humanos, debo contratar un perfil concreto para un puesto, conocer el geniotipo de los candidatos me resultará muy útil para determinar su idoneidad. Por ejemplo, si necesito un comercial para mi empresa, seguro que recibiré muchas propuestas, porque muchas personas se lanzan a ser comerciales como primer trabajo, o cuando no encuentran nada más. Pero no me interesa contratar a alguien que solo se ofrece como comercial para obtener un salario a cambio. Lo que necesito para el puesto es un Triángulo, cuya pasión sea la venta. Una persona con otro geniotipo puede que desarrolle correctamente las tareas y que sea profesional, pero no lo dará todo por su trabajo. Este será correcto, pero no genial. En cambio, un Triángulo convencido que lo que vende estará orgulloso de representar su producto y dará el máximo para alcanzar más ventas y llegar más lejos.

Lo mismo ocurre con otros tipos de trabajo. Todos los ejemplos que pondré a continuación son casos reales con los que me he encontrado recientemente: un creativo que por dinero acaba siendo administrativo; una terapeuta que no se atreve a serlo y es directora de cuentas; un maestro de vocación que acaba diseñando páginas web; una ingeniera náutica que ejerce de jefa de personal en un hotel; un joven que tiene un proyecto para constituir una ONG y está trabajando de campesino; una mujer que desea ayudar en hospitales y trabaja limpiando; o un sonoterapeuta que tiene su propia imprenta.

Trabajar sin estar alineados con nuestro genio puede hacernos padecer ansiedad, depresión o, como mínimo, apatía. Cuando vas en contra de tu esencia, te embarga una sensación de escasez e insatisfacción, lo cual, a la larga, genera una cadena de sufrimiento que no contenta a nadie, ni al empleador ni al empleado.

Por este motivo, cuando tengo que contratar a alguien para mi equipo, no tengo en cuenta en absoluto su currículum ni su experiencia: lo que me interesa es su esencia y sus aptitudes. De hecho, hace poco Nathalie, la *coach* de mi equipo, me preguntó por qué no escogía a personas con más experiencia para determinados puestos. Le contesté que para mí la «titulitis» era una enfermedad no diagnosticada. Lo que de verdad me importa es la pasión que detecto en una persona y su geniotipo.

El camino de baldosas amarillas

Para ilustrar todo esto, voy a contar una anécdota personal. Fanny Fernández es esteticista, pero al conocer su geniotipo, le pedí que me ayudara a encontrar nuevas vías para encontrar el talento de otras personas. Ella accedió encantada porque, según sus palabras, siempre había soñado con eso. Al verla trabajar, me di cuenta de que no me había equivocado. Me ofreció propuestas muy valiosas, como realizar una terapia en grupo gratuita, que hacemos algunos lunes por la tarde a través de mi canal de YouTube, y que hemos bautizado como #somosgenios.

Como buen Triángulo, a Fanny le encanta poner en contacto a personas y está en constante reinvención. Justamente por eso puede aportar. Para llevar a alguien a un lugar, antes has tenido que estar allí. Ella empezó su viaje de autodescubrimiento con la meditación: a partir de ahí, un largo camino le ha permitido acompañar a las personas que lo deseen de verdad por el camino de baldosas amarillas para encontrarse a sí mismas. «Cuando entras en ese camino, se desata en ti un sentimiento lleno de magia, una revolución interna que te da seguridad, autoestima y valor. Esa es la llave de la felicidad que todos buscamos y que en realidad ya llevamos en nuestro corazón. Ahora ya sé cómo se activa: se llama vivir en tu propósito.» Para poder unir propósito con profesión, a continuación nos ocuparemos de cada geniotipo en el mundo laboral.

Infinito

Este geniotipo no tolera sentirse encorsetado. Necesita expresar lo que siente y buscar una manera propia de ejercer de maestro o psicólogo. Un verdadero Infinito difícilmente aceptará un trabajo funcionarial rutinario, porque no se sentirá libre. Aunque, por supuesto, muchos acaban siendo profesores de universidad. En este caso, tendrá que darle su toque creativo al trabajo que desarrolle.

Si está empoderado, difícilmente se hará cargo de subordinados. Prefiere trabajar para sí mismo. A no ser que comparta una filosofía o enfoque común, le costará trabajar con alguien. Si le corresponde ejercer de líder, hará trabajar a su equipo más a través de la inspiración que por imposición, ya que mandar no va mucho con este geniotipo.

Elipse

¡Qué difícil es tener de trabajador a Elipse, a no ser que se haya rendido! Su carácter soñador le hará distraerse, porque necesita espacio para imaginar. Por lo tanto, si eliges este perfil para vender o para administrar tus cuentas, lo pasarás mal.

Por ejemplo, un Cuadrado nunca comprenderá las necesidades de un Elipse, y cuanto más apriete Cuadrado, más libertad necesitará Elipse. No puede haber entendimiento entre ellos. Su talón de Aquiles será siempre la gestión económica y del tiempo, así como la tendencia a cambiar de idea de un día para otro.

Por lo tanto, Elipse debe buscar lugares donde pueda expresar toda su creatividad y dejar respirar libremente todo su talento. Puede sentirse cómodo en ámbitos creativos como el diseño de ropa, la fotografía, la traducción de textos, la arquitectura, el marketing, la publicidad, la repostería, la peluquería, etc. Es decir, en cualquier lugar en el que pueda lucir su don.

En su versión empresarial, si tiene una visión clara de lo que quiere, será un jefe dinámico, atrevido y, a veces, impulsivo. Los que trabajen para este jefe Elipse deberán comprenderlo y amoldarse a su forma de hacer las cosas, que puede parecer un poco caótica o carente de sentido. La inspiración le llega cuando le llega y, cuando esto sucede, hay que seguirle. Elipse puede convertirse en un líder carismático.

Veamos a continuación un ejemplo de interacción entre un Infinito y una Elipse. Según Nathalie Chevalier, la *coach* en relaciones de mi equipo, si cada uno está en su estado saludable, pueden constituir un buen tándem. Con su inteligencia emocional, Infinito entenderá perfectamente la creatividad genial de Elipse, le ayudará a materializar las ideas que tiene en mente y serán complementarios.

Ahora bien, si no es el caso, y ambos están en su sombra, Infinito podría percibir las ideas de Elipse como frívolas y sentirse superior ante su creatividad. Por su parte, Elipse puede aislarse en su mundo y no saber transmitir lo que siente. Por lo tanto, se crearía un choque entre el «Yo sé» y el «No entiendes mi genialidad».

Triángulo

Es tal la capacidad adaptativa de este geniotipo que nunca tendrá problemas, ni como trabajador ni como empresario, siempre que esté convencido de lo que representa. Cuanto más sienta lo que hace, más aportará, y esto lo puede convertir en un ser ambicioso si no sabe diferenciar la pasión de la avaricia.

Triángulo dispone de las tres creatividades esenciales (analítica, artística e intuitiva), y por eso puede desempeñar cualquier función en una empresa.

Su don de gentes, su carisma, su visión y su motivación, cuando está empoderado, le convierten en un líder natural para el resto de personas. Como jefe, inspirará, motivará y hará todo lo posible para fortalecer los puntos débiles de sus subordinados. Le gusta hacer dinámicas de grupo, marcar un calendario de objetivos, y siempre busca la manera de que cada cual saque su máximo potencial.

Si es un compañero, ayudará a los demás a que no decaigan. Ahora bien, no intentes ser más listo que él, ni pongas al descubierto sus armas, porque te tachará de la lista.

Para estar motivado en el trabajo, necesita buscar su propia forma de vender, necesita «sentirlo». En mi empresa, yo lo contrataría de director ejecutivo para expandir mi marca.

Pentágono

Es un gran trabajador, siempre y cuando se encuentre en su terreno. Es imposible que Pentágono no trabaje con su talento, porque es vocacional. Cuando lo hace, no hay límites, y si necesita invertir más (tiempo, dinero, etc.) en su labor, lo hará con gusto. El riesgo es que, a veces, el trabajo puede absorber totalmente su tiempo, lo que afecta a sus relaciones personales.

Pentágono es un gran compañero de trabajo y, aunque a veces discute las órdenes de arriba, porque cree que hay opciones mejores, nunca se aparta de sus responsabilidades.

Como jefe, en su versión poco saludable, puede ser un déspota o un prepotente, y mostrarse a veces inflexible. Pero, en su versión saludable, también tiene la capacidad de ser una luz de esperanza para el resto de compañeros y delegar de una forma natural. Sabe cuáles son sus límites y las virtudes de sus empleados, así que confiará en ellos sin ningún problema.

En ocasiones, sus decisiones pueden parecer carentes de sentido, porque su visión sobrepasa los límites de lo lógico.

Círculo

Este geniotipo es el empleado perfecto, ya que es sumiso, lo que no le beneficia porque significa que lo dará todo desde su corazón para que su desempeño en la empresa sea el que se espera, pero irá en contra de su salud y, sobre todo, en contra de su esencia.

Círculo puede ejercer cualquier oficio, siempre que esté en armonía con lo que siente. De otro modo, supondrá un esfuerzo sobrehumano. Cuando este geniotipo se adapta solo desde la sumisión, y no puede dar rienda suelta a su potencial, se genera un desequilibrio imposible de compensar. Entonces el trabajo se le hace cuesta arriba. Además, algunos geniotipos pueden carecer de empatía con Círculo, lo que le generará ansiedad o incluso depresión.

Otra cosa muy distinta es el Círculo empoderado. En tal caso, trabajará para sí mismo o en un proyecto que le ilusione, en el que tenga voz y voto. Sin embargo, incluso en un trabajo donde esté a gusto, su interior le estará pidiendo algo más: crear algo, formar parte de un proyecto que beneficie a otros seres humanos, ayudar, acompañar, etc. Cuando encuentra este proyecto, es un magnífico emprendedor y todo empieza a fluir. Aportará desde la serenidad, desde su esencia, y hará todo lo que esté en sus manos para que sus compañeros puedan dar lo mejor de sí mismos y brillar con luz propia. Cuando se siente a gusto e importante, en su versión empoderada, este geniotipo es imparable.

Rombo
Como trabajador, este geniotipo necesita comprender de qué manera su mundo interior puede ponerse al servicio de los demás, sin sentirse reprimido o negado. Si encuentra el lugar adecuado, es un trabajador excelente y meticuloso. Lo dará todo y se sentirá realizado. Casi no será necesario decirle qué hacer, porque saldrá de él mismo la iniciativa.

Ahora bien, cuando no está en el lugar correcto, de forma inconsciente empieza a enrarecer el ambiente con teorías extrañas o estados de ánimo cambiantes. Puede ser manipulador y poner en riesgo al resto del equipo.

Un problema de este geniotipo es que, como a menudo le cuesta aceptar lo que es, su trabajo no casa con su talento. Esto provoca que bloquee su mundo interior, con lo que queda anulado espiritualmente.

Como empresario, suele ser autónomo; no aspira a montar imperios. Le gusta la intimidad y el *tête-à-tête*. Buscará una manera de dar todo lo que lleva dentro para acompañar e inspirar al prójimo. Su creatividad trascendental puede hacer que se exprese como escritor, pintor o músico, pero también puede ejercer de terapeuta o forense, trabajos que puede realizar en la intimidad.

Cuadrado
Este geniotipo es el gran jefe. Suele ser una persona autoritaria, con ideas claras y mandatos firmes. No tiene ningún problema en decir las cosas como son y poner a todo el mundo en su sitio. Si tiene un buen día, verás cómo este jefe no considera nada imposible y te apoya en todo. En un mal día, te parecerá un déspota e incluso una persona injusta y cruel.

Es el perfil ideal para gestionar una empresa, ya que soporta muy bien la presión y no se dispersa. No necesita ir más allá de lo que tiene que hacer. No está para tonterías. No busques un gran halago por su parte, ni un abrazo. Si te lo da, es porque aún quiere más de ti.

Como trabajador, este geniotipo es responsable y no ocasiona problemas. Hace lo que le toca. A veces puede decaer, pero es obstinado y regresa siempre al redil. No le pidas que cree cosas para ti, ni tampoco imaginación, pero si aparece un problema buscará sin duda soluciones, gracias a su creatividad analítica.

Además de para la gestión y la dirección, es un perfil adecuado como funcionario o para las fuerzas del orden, porque siempre cumple con su deber.

Rectángulo
Es un trabajador perfecto y nada problemático, porque acata instrucciones sin rechistar. Y aunque nunca tendrá un ritmo frenético, tampoco decaerá y siempre estará ahí.

No le puedes pedir creatividad, ni que solucione grandes problemas, ni tampoco que se haga suya la empresa, pero es leal y nunca fallará. Este geniotipo puede trabajar toda la vida en el mismo sitio sin problemas.

Es eficaz para un puesto rutinario, como transportista o personal de limpieza, así como para labores que requieren esfuerzo físico como camarero, campesino o albañil. Muchos Rectángulos ejercen de vigilantes jurados o de conserjes.

En cuanto a emprender, Rectángulo nunca intentará abarcar más de lo que puede hacer su empresa. Trabajará como una hormiguita, y puede llegar a ser próspero y realizarse. Será un jefe cordial y amable. Si haces lo que te corresponde como trabajador, puedes estar toda la vida en el mismo lugar.

Estrella

Sería absurdo poner ejemplos laborales de Estrella con otros geniotipos, porque todo gira a su alrededor. Su rol en un equipo es el del jugador más destacado, por lo que todos deben trabajar a su favor, para que saque su máximo rendimiento. Es la Estrella y sabe lo que puede ofrecer. No hay que manipular a este geniotipo, porque no se someterá a algo que rechaza. No se puede contratar a Estrella, solo seducirle con el proyecto.

Este geniotipo muy pocas veces será el jefe de algo, porque no le gusta la responsabilidad. Si llega a un puesto de mando, se hará a su manera, y punto. Estrella no sabe explicar lo que es innato en él, tan solo le sale, por lo que difícilmente será un buen guía o entrenador.

13

Crea tu Superman

> No hay ser humano, por cobarde que sea,
> que no pueda convertirse en héroe por amor.
>
> PLATÓN

Oliver Sacks, gran divulgador de la neurociencia, explica que en 1890 se definió el sexto sentido del cual no somos conscientes: la propiocepción. Esta engloba todo el funcionamiento orgánico interno que hace que, entre otras cosas, si nos hacemos un corte, nuestro cerebro detecte exactamente dónde nos lo hemos hecho. Es una capacidad maravillosa que tenemos incorporada sin darnos cuenta.

Tras varios años de investigación con mi equipo, puedo decir que, de la misma forma inconsciente y automática, todos poseemos un séptimo sentido que depende del propio talento. Este capítulo trata sobre cómo crear tu propio Superman o Superwoman. Como ya sabéis los que venís a mis conferencias, en las que siempre aparezco con la «S» en mi camiseta, soy fan de los superhéroes, porque estoy convencido de que cada persona tiene ese gran poder en su interior. Así como Spiderman tiene la capacidad secreta de trepar por los edificios y dar grandes saltos de un bloque al otro, nuestro talento personal es ese séptimo sentido.

Este don inconsciente u oculto hace que tengamos facilidad para algo de una forma natural y automática, porque viene integrado en nosotros; tanto, que no le prestamos atención ni le damos valor. El superpoder se manifiesta cuando tomamos conciencia de él y lo asumimos como algo propio. Como decía Einstein: «Todo el mundo es un genio, pero si juzgas a un pez por su habilidad de escalar un árbol, pasará su vida entera creyendo que es un inútil».

La clave del entusiasmo

Todos los superhéroes son entusiastas de su causa, así que para desplegar todo tu poder, necesitarás de esta vitamina existencial. Uno no se entusiasma cuando piensa en lo que hace, sino cuando lo vive. Y es que la felicidad y el gozo hacen vibrar al máximo tu don. Podríamos decir que talento, pasión y gozo se retroalimentan para que despegue tu genialidad. Y todo esto ocurre desde la naturalidad de ser quien eres. No tienes que ir muy lejos, solo mirar dentro de ti: ahí empieza y termina el camino.

Como las encrucijadas existenciales de los superhéroes, ese camino es un emocionante viaje en solitario, y puede que al principio te sientas desorientado. Tal vez hace mucho tiempo que no te tomas un respiro, y mucho menos un café contigo mismo. Cuando te prestas atención, poco a poco te vas encontrando a ti mismo y, si aparece una piedra en el camino, como no hay nadie a quien recurrir, tiras de tu instinto para sortearla y seguir caminando.

Al final, te acostumbras a confiar en tus habilidades para salir al paso de la incertidumbre, sin necesitar de nada más que tu propio talento. Y es que el talento es tan natural en nosotros que es la expresión de lo que realmente somos; es nuestra tecnología innata para alcanzar nuestro propósito de vida y realizarnos con éxito.

Es decir, eres naturalmente genial. ¿No es ese, ya, un motivo para entusiasmarse?

Con tu genialidad logras, además, inspirar a otras personas para que alcancen por sí mismas sus sueños. Y es que los dones y talentos no están diseñados para que los poseas, sino que se te dan para compartirlos y expandir las fortalezas de los demás.

«Un gran poder conlleva una gran responsabilidad»

Si te fijas, todos los superhéroes utilizan sus poderes para ayudar a la especie humana a resolver sus problemas. Y eso inspira a miles de personas que quieren ser como ellos. Pues bien, todos tenemos un Superman dentro que tiene mucho que aportar a otros seres humanos. Y nuestro deber es responsabilizarnos de encontrar nuestro don y hacer que vibre al máximo, porque, como dice la famosa frase del tío de Spiderman, «Un gran poder conlleva una gran responsabilidad», y no podemos huir de ella.

Es nuestra responsabilidad reconocer nuestro talento y, si aún no sabemos cuál es, empezar a invertir tiempo en descubrirlo, que es algo que solo nosotros mismos podemos hacer. Tú eres único y solo tú puedes ser tu maestro. Tienes la vida como escuela y todo lo que necesitas aprender ya está en ti, y el universo te necesita. Incluso los héroes, a veces, se tienen que unir para ayudarse mutuamente con sus superpoderes, porque con los suyos no tienen suficiente. Como comúnmente se dice, «La unión hace la fuerza».

Cuando reconozcas el genio que ya eres, tu superpoder hará fácil lo difícil, porque al utilizar las herramientas que traes contigo, terminarás con todas tus falsas creencias limitantes. Una de ellas es la aceptación de la escasez como norma. Hemos asumido el prejuicio de que la abundancia es solo para unos pocos, o que no podemos vivir de nuestro talento porque la sociedad nos impone un sueldo a final de mes. Si yo hubiera hecho caso de estas ideas preconcebidas, ahora no estaría aquí escribiendo este libro.

Confía en ti y, por lo tanto, en la vida, y el universo te dará lo que sientes que necesitas.

La paradoja de la abundancia

Formamos parte de una existencia universal, que rebosa abundancia por doquier. En cada uno de los múltiples universos, hay infinidad de planetas y estrellas, miles de formas de vida, océanos, bosques interminables, etc. Y nosotros, que formamos parte de toda esta vida, ¿cómo hemos llegado a la conclusión de que con llegar a final de mes es suficiente? Necesitaremos seguir explotándonos, y también a otros seres humanos para sacarles provecho, hasta que comprendamos que lo que acabará con la pobreza no es la igualdad, sino la abundancia, porque cuando nos reconozcamos en ella, todos nos sentiremos plenos con lo que somos.

Cuando estoy gozando de mi pasión, no pienso en la recompensa, sino en mi satisfacción. No entra en mi cabeza la escasez, porque para mí es un gozo y es también ahí donde termina la necesidad de competir por tener más que otro. Y lo mejor de todo es que entonces ocurre lo que yo llamo la paradoja de la abundancia, y es que, curiosamente, en la medida que empieces a vivir con plena consciencia, cada vez necesitarás menos del exterior. A su vez (y aquí está la paradoja), el universo te generará cada vez más abundancia en todos los aspectos de tu vida.

Esto no se da por casualidad cuando estás poniendo en juego lo mejor de ti. Estás apostando por la única persona que jamás te traicionará: tú. Y es que al alinearte con la consciencia, a través de tu don que es natural en ti, todo fluye naturalmente y eso implica muchas cosas:

- La valentía de romper tus límites, lo cual implica enfrentarte a las heridas emocionales que tenemos todos, y sanar ese dolor que siempre dejamos para otro momento. Para realizar este movimiento no queda otra que mirarte al espejo y salir de tu zona de confort para afrontar tus miedos. Tendrás que dejar de hacer caso a los consejos de tu entorno, al qué dirán. Abandonar el temor a no tener apoyo, a sentirte solo y a ir en contra de lo establecido. Asumir que existe la posibilidad del fracaso y aceptarlo. Atreverte a equivocarte y a volverte a levantar. En definitiva, implica tener la valentía de navegar en un mar de incertidumbre, que supone mucho amor hacia ti mismo y creer mucho en ti.
- Avanzar con tu vida para generar experiencia. Esta experiencia propia devendrá ejemplo para otros. Y es que, al

compartirla, ayudarás a mucha gente que quiere dar ese paso hacia delante y que, como no existe un colegio emocional, no saben cómo hacerlo. Entonces tú serás su referencia, aun sin pretenderlo.

- Generar respuestas para otros. Al seguir apasionado con lo que haces, la vida te traerá nuevos retos y nuevas situaciones y preguntas que responder. Por lo tanto, tu evolución como ser humano te llevará siempre de forma sutil a buscar cómo ser lo más valioso para ti y para los demás. Y esto te llevará, finalmente, a cumplir tu propósito de vida, pero esta vez de forma consciente.
- Al compartir tu talento con los demás, tendrás de forma indirecta la abundancia y riqueza en todos los planos de tu vida. Además, serás más rico como persona porque tendrás mucha más seguridad en ti mismo, tras haber afrontado y superado las pruebas que la vida te ha ido poniendo para crecer. Tu alma será más rica porque, por fin, te reconocerás parte de esa consciencia que ya eres.
- Ya no tendrás que renunciar a lo más natural e íntimo de ti mismo, tu pasión, y sentirás plenitud y realización. Tu mente dejará de estar insatisfecha. Y eso es casi un milagro, porque estarás enamorado de la vida, que dejará de ser difícil, para ser fértil y apasionante.
- Vivirás sin miedo al dinero. Dejarás de verlo como algo sucio y que corrompe. Las hipotecas familiares y de tu entorno ya no te pertenecerán, con lo que tu espíritu emprendedor te abrirá nuevas fuentes de ingresos. Desde tu nueva actitud, utilizarás la globalidad como una oportunidad de generar valor para todo el mundo.
- Por último, tendrás estabilidad en momentos de dolor. Sobre este aspecto, la neuropsicóloga Eva Flores aporta

> la siguiente reflexión: «Encontrar y seguir tu talento no va a eliminar el sufrimiento humano e intrínseco de la vida. Pérdidas, obstáculos, rechazos, cosas que no salen como esperábamos... Pero va a reducir significativamente el ruido de fondo, el sobreesfuerzo que produce el ir en contra de tu esencia».

Todos estos beneficios te aportarán seguridad y firmeza a la hora de tomar decisiones en el día a día, porque estarás tan acostumbrado a tener fe en ti mismo, que sabrás recurrir a tus habilidades y recursos siempre que lo necesites. Ya no pensarás en qué debes hacer, sino que sentirás lo que toca hacer, sin dudarlo. Como hace Superman.

¿Te imaginas no tener dudas en tu vida? Si hay duda, no hay felicidad, y viceversa. Plantéate esto: ¿alguna vez has dudado de si eres feliz?

14

Alimenta tu pasión

> Usa los talentos que tienes;
> los bosques serían muy silenciosos
> si no cantaran los pájaros.
>
> Henry van Dyke

Por muy valorada que esté la estabilidad, en realidad la vida es puro movimiento. En ella, la única ley que impera es la de la constante evolución y transformación. Por más duros que sean los cimientos de nuestras estructuras, tarde o temprano se tambalearán y se derrumbarán.

Por ejemplo, nos casamos pensando que es para siempre, pero muchas veces este deseo no se cumple. O llega una pandemia que nos trastoca todos los planes, o nos despiden del trabajo cuando menos lo esperamos, u ocurre cualquier otra situación que nos obliga a elegir entre dos opciones, u otras mil realidades cotidianas que, aunque nos esforcemos en controlar, rompen nuestros esquemas.

Cuando se dan este tipo de circunstancias, o te adaptas (lo que implica un movimiento por tu parte) disfrutando del viaje, o intentas controlar la situación, sin tener que moverte, lo cual es imposible y genera, entre otras cosas, ansiedad. El control es un mecanismo de defensa de tu mente para no entrar en pánico ante los zarandeos de la vida. Pero ¿acaso alguna vez ha dejado de suceder lo que tenía que suceder, a pesar de que intentaras controlarlo? Entonces, ¿por qué sigues cayendo en la misma trampa? Al querer seguir protegiendo nuestra estructura, cada vez nos volvemos más insignificantes, porque para seguir controlando nuestros pensamientos básicos tenemos que renunciar a mucha vida. Este control conservador va en contra de la abundancia implícita en cada uno de nosotros, como forma de vida universal que somos.

El gran problema del ser humano no es el miedo en sí, sino ignorar su propio *mabui* o esencia. Cuando no eres consciente de tus herramientas innatas, te asustas ante el menor desafío de la vida. Entonces, la vida se vuelve un continuo de problemas que gestionar y, al no encontrarte en sintonía con tus propios recursos, recurres a lo externo para solucionarlos. Y eso ocurre cuando no sabemos quiénes somos y renunciamos a lo más íntimo de nosotros mismos: a nuestro talento y, por tanto, a nuestra genialidad. Dicho de otra manera, y como expresa la frase popular: creer que todo tiene solución no es optimismo, es talento.

Hace poco me pidieron que diera una conferencia sobre el éxito en un colegio de L'Hospitalet (Barcelona). Tenía claro cuál era el punto de partida de la charla: «Hola, ¿puede levantar la mano quién sabe cuáles son sus talentos para tener éxito?». La respuesta fue el silencio. Nadie supo responder.

Si no conocemos nuestro talento, ¿cómo vamos a desempeñar algo que nos haga felices? Y, si no somos felices, ¿cómo vamos a encontrar el entusiasmo que acompaña al éxito profesional, y también al personal?

La pasión por la vida es el tema que subyace en uno de los libros más leídos de las últimas décadas, *El monje que vendió su Ferrari*, de Robin S. Sharma. Se trata de una fábula espiritual para entender que el dinero no llena el alma. Su protagonista es Julian Mantle, un abogado de alto *standing* que, aparentemente, tiene una vida exitosa, pero que está obsesionado con ser y tener más. Su desequilibrio y su estrés salvaje y galopante acaba por provocarle un infarto. Al borde del abismo, Mantle sufre una crisis personal, deja atrás el materialismo y emprende un viaje por el Himalaya. En paralelo al conocimiento de esta bella zona del mundo y de su sabiduría, el abogado vive una auténtica revolución interior, alimentada por un modo de vida que le permite vivir en paz, con pasión y desarrollando su potencial real.

Julian Mantle descubre que, por mucho que la abogacía le ha dado abundancia económica, no es su verdadero talento porque no le hace feliz. En ese libro podemos hallar algunas inspiraciones en la línea de mi investigación sobre los geniotipos y que quiero compartir aquí, como el hecho de que cuando te inspira un objetivo o proyecto que sientes importante, tu mente supera sus límites, lo cual posibilita que tu conciencia se expanda en todas direcciones y empieces a ver un mundo nuevo y hermoso, en el que tus facultades y talentos cobran vida, y descubres que eres una persona mejor de lo que anhelabas ser. Otro gran descubrimiento es el simple secreto de la felicidad: averiguar qué es lo que te gusta hacer y dirigir todas tus energías en esa dirección. Porque si observas a las personas más felices y satisfechas de tu mundo, verás que todas han hallado su pasión y han dedicado su vida a desarrollarla.

La rapidez de lo inmediato es otra de las enfermedades con las que tenemos que convivir. Así como Julian Mantle se ve abocado al caos y se colapsa por la vida frenética que lleva, cada época tiene sus dogmas, y uno de los peores de la nuestra es que todo tiene que ser para ya. Entonces, tras asumir que debemos darle una posibilidad al autoconocimiento para sentirnos mejor, cuando llevamos un mes meditando y no vemos frutos, nos estresamos y frustramos y nos decimos: ¡esto no funciona!

Vivimos entre tantas urgencias que no nos percatamos de que podemos parar diez segundos y respirar. Date tiempo para conocerte y desentrañar tus habilidades. Tómalo como una aventura en la que el viaje es tanto o más apasionante que el destino. No es necesario que te embarques en un viaje externo, físico (por ejemplo, al Himalaya). Recuerda que, en sí, el único viaje que importa es el que tiene lugar dentro de ti mismo. Si todavía no sabes cuál es tu pasión, presta atención a aquello que te entusiasma, a lo que te enamora y que hace que el tiempo vuele, porque la pasión no es un estado mental, sino una propiedad innata del corazón, y es lo que hará que te enamores de la vida.

Anna Vicen Renner, *coach* de mi equipo, ha descubierto en sus sesiones que cuando se invita a las personas a disfrutar de su talento, se activa su curiosidad por autodescubrirse: «En esta conexión descubren sus verdaderas pasiones y conectan con una sensación profunda de libertad. Ahí aparece la sonrisa del niño entusiasmado que lo comprende todo. Es entonces cuando conectan con la libertad de sentirse ellos mismos, y quieren más. ¿De qué? De sí mismos. ¿Por qué? Porque disfrutan de como son auténticamente, y se divierten disfrutando de su propio talento, porque lo natural es eso, divertirse siendo uno mismo».

Curiosamente, todo lo bello y natural que hay en nosotros desde niños (la felicidad, la respiración, la plenitud, la presencia, el talento) son valores de los que muchas veces no somos conscientes; se nos olvidan, como si tuviéramos una amnesia selectiva. ¿Cómo puede ser que se nos olvide algo que forma parte de nosotros (nuestro talento) y que es tan natural y esencial como respirar? ¡Espero que este libro sea un recuerdo constante de lo genial que eres!

Alimenta tu cuerpo, el vehículo de tu genio

Complementaremos este capítulo, orientado a tener una pasión de por vida, con una observación fundamental. Hasta ahora, hemos reflexionado sobre la mirada hacia el interior, hacia nuestro talento, así como todas las características y energías que se retroalimentan y que están conectadas con este. Pero no debemos olvidarnos del cuidado necesario de nuestro cuerpo. Raquel Varela, la nutricionista de mi equipo, nos recuerda que son muy pocos los que priorizan tener una buena relación con su cuerpo y que es habitual dar más importancia a las urgencias del trabajo, a la marcha y a las necesidades de la familia, a los compromisos sociales, etc. «La mayoría pone otros objetivos por delante de su propio bienestar, y esta falsa prioridad puede llevarlos a retener un gran sentimiento de frustración. Desean cuidarse pero, en el bucle mental de la "no acción", no saben cómo ni cuándo responsabilizarse de su bienestar.»

Si buscamos el término *bienestar* en internet, obtendremos resultados vinculados al cuidado físico, con consejos de nutrición, deporte o belleza. Debemos recoger estas pequeñas enseñanzas teniendo en cuenta que todo lo que aporta bondad física se traduce en tu interior. Y viceversa: cuando estamos felices, nuestro cuerpo asimila mejor y luce más descansado y equilibrado. Para obtener bienestar deberemos revisar nuestros hábitos y la forma de organizar nuestra vida, y así poder estar a gusto con nosotros mismos, física, mental y emocionalmente.

Ahora me gustaría señalar algunas pistas con las que el cuerpo nos habla y nos dice que está bloqueado, estresado o infeliz. Porque sí, escuchando a nuestro cuerpo también podemos conseguir fluir con nuestro talento. Es una parte más del camino. Los siguientes son algunos ejemplos de ello:

- El dolor de cabeza está conectado con la agitación: hay que salir de la vorágine.
- El dolor de cuello se relaciona con la rigidez, con la dificultad para soltar o para perdonar, a los demás o incluso a uno mismo.
- Los problemas en los hombros apuntan a que estás sobrecargado por una responsabilidad que no es tuya, o porque has asumido un compromiso del que no estás convencido.

En definitiva, así como los deportistas de élite cuidan su físico como el tesoro que es, si queremos dar lo mejor de nosotros mismos, la alimentación y un estilo de vida saludable deberían ser prioridades incuestionables.

¿Cómo saber qué tipo de alimentación es el más adecuado para ti? Está claro que cada persona es única (por suerte), pero existen unas orientaciones generales que deberíamos seguir para fluir de una manera natural. Vamos a empezar por el principio, lo básico y más fácil.

A menudo nos olvidamos de que somos animales, que venimos de la naturaleza y que somos naturaleza. Como especie, durante millones de años nos hemos ido adaptando al medio externo para perpetuar nuestra especie, y lo hemos hecho armonizando nuestros ritmos con los de la naturaleza. La ciencia actual de la cronobiología se ocupa de esto. Según esta ciencia, si en lugar de andar estresados y desconectados de los ciclos naturales, queremos poner la vida de nuestra parte, podemos empezar a conectar con ella a través de estos consejos:

- Respetar los ritmos circadianos. Estos sincronizan los relojes biológicos de nuestro organismo, los cambios físicos, mentales y de conducta que respetan patrones de veinticuatro horas. Responden, en especial, a los ciclos de luz y de oscuridad, y afectan a casi todos los seres vivos de planeta. Uno de los ejemplos más claros de ritmo circadiano es dormir cuando está oscuro y estar despierto cuando nos afecta la luz. Respetamos estos ritmos cuando comemos y dormimos lo suficiente en horarios regulares. En este sentido, dormir es esencial. De hecho, el sueño fomenta la producción de citoquina, una proteína que ayuda al sistema inmunitario a responder con rapidez a los antígenos.
- Aprender a respirar bien, puesto que es nuestro aliento de vida. Un adulto, sorprendentemente, solo usa el diez por ciento del diafragma, que es el músculo responsable de la respiración. Además, no suele cerrar bien la boca. Estos dos factores hacen que la respiración sea menos

profunda y, por lo tanto, que oxigene de manera pobre el organismo. La respiración superficial puede sobrecargar el corazón, tensar los músculos y aumentar el estrés. Es recomendable practicar la respiración diafragmática o abdominal, y lo podemos hacer de la siguiente forma: nos acostamos boca arriba con las rodillas dobladas, colocamos una mano sobre el pecho y la otra sobre el abdomen por debajo del tórax, e inhalamos lentamente por la nariz y expandimos el estómago; luego la mano sobre el pecho se desplaza y exhalamos poco a poco por la nariz y sentimos bajar el abdomen.

- Llevar la meditación a todas nuestras rutinas, para tener una mejor gestión del estrés y para aprender a estar presentes en los momentos importantes de nuestra vida, que lo son todos.
- Mantener relaciones sociales sanas, crear tribu. Somos seres sociales y nuestro destino depende de la calidad de nuestro círculo de confianza, de nuestra familia espiritual.
- Realizar actividad física. Tu cuerpo no ha vivido millones de años de evolución para que te encuentres sentado la mayor parte del día. El sedentarismo es venenoso: practicar pilates, dar un buen paseo o cualquier clase de ejercicio suave pueden contrarrestarlo.
- Practicar el *shiatsu*, que es una vía de curación ancestral japonesa originaria de la medicina tradicional china y que trabaja principalmente con las manos. Puedes autoaplicarte ese contacto. La piel es nuestro órgano más extenso, a través del que puedes tocar tus puntos de energía y devolver el equilibrio a tu organismo. Vestido o desnudo, tumbado o sentado, experimenta cómo te sien-

tes, aquí y ahora. Si tienes sed, si estás cansado, observa dónde aprecias tensión o en qué nervios. En estos lugares aplicaremos un contacto con más o menos intensidad, según los puntos que describe esta técnica y sobre los que te puedes informar con facilidad.

- Llevar una alimentación consciente y saludable, consumiendo siempre alimentos de proximidad y de temporada. De esta manera, los alimentos nos aportarán los nutrientes y la energía que necesitamos en cada momento del año. La variedad de nutrientes, además, se obtiene comiendo todo tipo de alimentos (cereales, frutas, hortalizas, aceites, lácteos, carnes, etc.), ya que ningún alimento contiene por sí mismo todos los nutrientes requeridos. Sin embargo, si tu estilo de alimentación excluye algún grupo de alimentos, procura compensarlo con buenas combinaciones, con las cantidades que recomiendan los especialistas.

Si respetas los ritmos naturales y sigues estas reglas sencillas, empezarás a sentirte mucho mejor, con energía, y todo ello repercutirá en un óptimo rendimiento físico y mental. Y, lo más importante, tendrás la vitalidad necesaria para llevar tu talento hasta el infinito, y más allá. Tu cuerpo físico es el vehículo de tu genio. Si lo tratas bien, te ayudará y acompañará hasta donde desees llegar.

La preciosa travesía por el desierto

Llegar, descubrir, indagar, mirar adentro, romper con lo establecido que no nos corresponde, dejar de soñar para vivir de lo que nos gusta y emplear todos nuestros recursos y emociones. Sentir, luego existir. Compartir el talento como un gesto natural y lógico con el prójimo, a la vez que los demás comparten sus dones. Lograr que este mundo sea un sitio mejor para todos. Dejar de ignorar nuestro superpoder y encontrar nuestro lugar en el mundo. Saber que somos un geniotipo y actuar según nuestras habilidades innatas. Estas palabras son música para los oídos, ¿verdad? Pero, como hemos comprobado, cuando nos sentimos perdidos, pueden implicar una travesía por el árido desierto de la aceptación previa al autoconocimiento.

Después de todo lo que he expuesto y has leído, no me cabe duda de que vivir en la ignorancia ya no es una opción, porque sabes que la felicidad puede esperarte al otro lado del miedo y del falso confort. Por eso, querido lector y querida lectora, te invito a alinearte con tu geniotipo y a rechazar la edad o la dependencia económica o emocional como factores que te impidan utilizar tu don.

Yo lo he hecho. He caminado, he creído y he llegado hasta aquí. Te invito a celebrar tu talento y a que la realización personal sea una constante en tu vida.

Lo cierto es que merece la pena saberse por fin un genio. Vale la pena inaugurar la vida que siempre hemos deseado y ser sus protagonistas absolutos. No puede ser de otra manera.

¿Te atreves? El genio ya está dentro de ti.

15

Talento y vida

No solo me gusto;
estoy loca por mí.

May West

Antes de terminar este libro, voy a hacer un alto en el camino para contar algo personal. Hace poco conocí en una tetería a una neurocientífica. Estuvimos charlando sobre las investigaciones de cada uno. Ella está centrada en el ámbito de la ansiedad, y yo le hablé del campo que me apasiona, que es el del talento. Entonces ella, de sopetón, me dijo:

—Tener talento está bien, pero no es tan importante.

Me dejó alucinado. Ella está haciendo una investigación fantástica sobre qué ocurre en nuestro cerebro cuando tenemos ansiedad y, claro, no pude evitar preguntarle:

—Pero ¿hay algo que genere más ansiedad que no ser feliz con lo que haces?

Ella se quedó pensativa y, finalmente, me contestó:

—Ciertamente, no saber qué hacer con tu vida genera ansiedad, sobre todo si lo que vives no te hace feliz.

Esto último me inspiró para desarrollar una nueva posibilidad de autoconocimiento a través del talento. Y, para ello, os lanzo una serie de preguntas que a mí me hicieron reflexionar: ¿Alguna vez no has sido feliz en algún trabajo? ¿Alguna vez has trabajado en algo que no te llenaba? ¿Qué sentías cuando eso era así?

Y además te pregunto: ¿Sentías que ese trabajo concreto no te llenaba, o peor aún, lo que te desesperaba era no saber qué te podía llenar, porque no sabías cuál era tu talento? ¿Sigues sin saber cuál es tu talento? Si la respuesta es afirmativa, querrá decir que tú quieres ser tú, pero que no sabes expresarte a través de tus habilidades, porque no sabes cuáles son. No se me ocurre mayor cultivo para la ansiedad.

Tal vez ni siquiera sepas cómo has llegado hasta este punto. Quizá la vida que te rodea te ha ido sumergiendo en un mar de dudas, arrastrado por una corriente de pensamientos que ni siquiera son tuyos («Sé alguien de provecho», «Déjate de tonterías y estudia una carrera», «Con llegar a final de mes, me conformo», «Soñando no se pagan las facturas», etc.). El flujo constante de esta clase de *inputs* va generando unas inmensas olas de creencias que no te pertenecen, pero que te ahogan y no te dejan respirar. ¿Alguna vez has tenido la sensación de que te faltaba el aire?

Ese es el motivo por el que mucha gente no encuentra su talento, porque cuando este no puede salir, se ahoga y no puede expresarse. Eso te puede llevar a pensar falsamente que no tienes ningún talento. Si eres de los que piensa así, ¿de verdad crees que el universo (llámalo como quieras) te ha dado una vida para que no aportes nada? ¿Te imaginas nacer sin ningún propósito?

Nacer sin propósito alguno significaría ser una forma vacía dentro del engranaje de la vida. De todas las criaturas del universo, nosotros seríamos la única sin un propósito, y eso carecería de sentido. Hasta las abejas tienen una función imprescindible para el desarrollo de la vida. Y tú no eres menos. De hecho, eres mucho más, puesto que se supone que eres la forma de vida más evolucionada conocida. El universo quiere que saques tu máximo potencial siempre, porque te necesita. Y por eso te ha dado un talento, para que brilles con todas tus capacidades.

Imagínate ser una bombilla que puede brillar a 100w, pero que solo diera, voluntariamente o por desconocimiento, 20w. No tiene sentido. Has venido a brillar en tu máximo esplendor. Una vida sin brillo es una oportunidad perdida; es un paso atrás en el tablero universal donde todos jugamos, y donde todos, absolutamente todos, tenemos un valor que aportar.

Es más fácil sentir que eres especial que explicarlo, así que te invito a respirar un poco lo especial que eres. Respira hondo. En la consciencia hay tanto amor que descubres que eres universalmente auténtico. Y eso te hace genuino, único y, por lo tanto, especial.

Toda la vida pensando que el talento tenía que ver con el trabajo, con ganarse bien la vida u obtener el reconocimiento de los demás, conseguir muchos *likes* en Instagram y alcanzar la fama. Pero no. Resulta que el talento es la vía directa al amor. Todos los caminos hacia el autoconocimiento se basan en el hecho de familiarizarte con tus emociones y aprender a gestionarlas, con un requisito previo: amarte a ti mismo. Y para amarse a uno mismo no hace falta cursar un máster ni meditar dos semanas en una cueva. En realidad, es algo natural y fácil; no debería ser ningún esfuerzo. Sin embargo, el mundo en el que vivimos lo ha convertido en un esfuerzo, porque son muy pocos los que se sienten apasionados con la vida y con lo que hacen.

La condición más sustancial del talento es la pasión. Por eso no puedes vivir de espaldas al talento, ya que entonces el camino del crecimiento personal se hace cuesta arriba porque buscamos el amor donde no está. No es casualidad que las cosas que amamos hacer nos apasionen. La pasión y el amor nacen del mismo lugar: del corazón. El monje vietnamita Thich Nhat Hạnh, propuesto para el Nobel de la Paz, afirma que, al reconocer tu talento, reconoces la belleza de la madre tierra, que es el lugar donde vives y el único sitio en el que podrás explotar tu talento. De ahí nace la conexión con el amor.

El síndrome de la «yaya sabionda»

Si el talento tiende al amor, entonces nuestras capacidades y habilidades innatas tienden a la felicidad. Y eso me conduce a hablar del síndrome de la «yaya sabionda»: todos alguna vez en la vida hemos tenido una conversación con ella, la cual veremos a continuación.

Llevo una década investigando el talento humano y sus recursos innatos, y deben de haber pasado unas mil personas por mis diferentes programas de desarrollo personal. Y siempre se da una premisa constante: todo el mundo quiere ser feliz. Y aquí viene lo más curioso del tema: nadie sabe exactamente qué es esto de la felicidad, ni cómo se llega a ella, pero todos sabemos qué es lo que nos hace infelices. Esto me llama poderosamente la atención.

Si sabemos los motivos por los cuales no somos felices, lo único que tenemos que hacer es dejar de hacer aquello que nos impide vivir plenamente. Entre las causas estándar de la infelicidad están:

- Estar pendiente de lo que piensen de ti, e incluso tratar de adivinarlo.
- Vivir para complacer a todo el mundo.
- Compararte con los demás (casi siempre, con los que están mejor que tú).
- Tener expectativas sobre cómo deberían tratarte o reaccionar los demás.
- Negarte a vivir el presente.

Y podríamos poner muchas más. Mientras no nos quitemos de encima estas capas que ahogan la cebolla, no llegaremos al corazón de la felicidad.

Un motivo que nos impide desnudarnos para llegar a nuestra esencia es la «yaya sabionda» que he mencionado antes: esta nos dice que todo eso es muy fácil de decir, pero muy difícil de hacer. Es decir, el famoso: «Ya, ya... Si ya lo sé, pero...». Esa es la yaya, una señora castradora que nos dice todo lo que no podemos hacer, porque la vida es muy difícil, etc.

Para contrarrestarla, voy a recurrir de nuevo a Ken Robinson, que en una conferencia del TED señalaba que hay demasiada gente que piensa que no es buena en nada. Cuando uno piensa esto, no está preparado para afrontar la vida y tiene que seguir los dictados de la «yaya sabionda», que aconseja resignación y nos condena a la mediocridad.

A veces pensamos, equivocadamente, que la vida conlleva sufrimiento y situaciones desagradables. Para mí, el verdadero sufrimiento está en el desconocimiento de nuestras habilidades y recursos. Cuando no conocemos ese conjunto de capacidades innatas, entramos en pánico ante el menor desafío de la vida porque nos vemos incapaces de solucionarlo. Nos hemos anulado tanto que cualquier cosa nos parece un reto insalvable. Es decir, tu vida deja de tener valor porque no te valoras, no te crees suficiente y te convences de que eres incapaz. Y como no sabes extraer tu talento natural, dependes de compensaciones exteriores, que siempre te dejan insatisfecho.

¿Cómo vas a ser feliz así?

Da igual los cursos que hagas, las afirmaciones positivas que recites, los rituales con velas que realices o los veinte avemarías que reces. Mientras no asumas la responsabilidad de sacar lo mejor de ti mismo, nada verdaderamente nuevo sucederá. Y lo peor de todo es que puedes caer en la trampa del victimismo, y echar la culpa siempre de los demás. ¿Alguna vez has pensado que lo que te pasa no es culpa tuya?

Acerca de la prosperidad

El hecho de asumir esta responsabilidad lo cambia todo, porque aceptar tu talento te convierte en sujeto activo de la historia de tu vida, en lugar de víctima pasiva de los acontecimientos.

Y eso lo cambia todo.

Ya no dependes de nadie, ni de las circunstancias, tan solo de ti mismo. Y también representa el fin de las excusas, porque obtienes respuestas de la única fuente fiable: tu interior; la respuesta eres tú mismo.

¿Y cómo llegan las respuestas? Al compartir nuestro talento, asumiendo que nuestro don no es nuestro, sino que pertenece a la humanidad. El universo nos ha dado un talento para que vivamos en la abundancia, y esa abundancia solo llega cuando la compartimos, porque nuestro talento también es universal, proviene de la fuente debido a mi autenticidad original. Compartir este don no es lo mismo que ir a trabajar en algo que no nos resuena ni apasiona. Compartir nuestro don sale solo, de forma natural y con entusiasmo.

En una *master class* que ofrece Emilio Carrillo dentro de mi Programa de desarrollo de tu geniotipo, explica que etimológicamente *entusiasmo* procede del griego y significa «Dios en ti». El don sale de ti de forma natural porque expande tu divinidad. Recogiendo su guante, podríamos decir que el entusiasmo obra el milagro de que te enamores de la vida, de que te apasiones, porque el gozo es la felicidad del corazón. Desde la felicidad, el talento genera riqueza, que no es lo mismo que amasar dinero, objetivo propio de mentes pobres, por paradójico que suene, ya que cuando caes en la codicia no te das cuenta de que el dinero no da la felicidad. Por eso nunca tendrás suficiente dinero, por mucho que te llegue.

Esto no significa que no debamos dar valor al dinero. Hemos heredado creencias inconscientes de que el dinero es nocivo, cuando no es bueno ni es malo: todo depende de cómo lo usemos.

Debemos hacer las paces con el dinero. No es más que un flujo de energía y el resultado de la pasión bien dirigida. Porque desde la pasión podrás crear riqueza, ya que harás vibrar tu vida al máximo, porque estarás poniendo en juego lo mejor de ti, lo que te ayudará a crecer, a ti y a tu entorno ya que resolverás problemas aportando valor con tu talento, lo cual traerá abundancia. No obstante, la prosperidad es una consecuencia, no el objetivo.

Cuando trabajas por el bien común, ayudas a mucha gente a resolver conflictos, y eso repercute en ti y te transforma. El crecimiento personal no es otra cosa que desarrollar tu talento a través de la búsqueda de tu ingenio más íntimo para resolver dudas internas y externas. Eso te lleva a tu destino final: cumplir con tu propósito de vida, pero esta vez de una forma consciente. Ese ingenio íntimo es tu geniotipo. Es tu genio.

Un ser humano a favor de sus recursos es valioso. Un ser humano que esconde sus capacidades deja de serlo. Muchas veces no somos conscientes de todo el desorden emocional que esto implica.

Para explicarlo, te propongo que hagas un ejercicio de visualización. Saca la gallina que llevas dentro. Ahora imagínate que quieres poner un huevo, pero no puedes. ¿Cómo te sientes?

Ahora sustituye el huevo por talento.

Así como una gallina que no sabe poner huevos no es valiosa, un ser humano que no sabe cuál es su talento tampoco lo es, porque no tiene nada que aportar a su vida propia, ni a la de los demás. Sobre esto, la pintora y escritora Lola Kabuki nos recuerda que «Si el talento no se hace realidad, se vuelve invisible».

El talento oculto

Como ya hemos visto, dentro de nosotros hay un genio que siempre espera ser atendido. Ahora me gustaría hablar de la relación que este talento tiene con el factor tiempo.

Yo estuve años sin tocar el piano porque había perdido el interés. Estaba perdido en unos objetivos que yo creía que eran los míos. Pero cuando volví a sentarme al piano, se hizo la magia, y sin esfuerzo acabé de componer una de mis mejores canciones, *Alma*, que puedes escuchar en mi canal de YouTube. Así fue como descubrí que la forma más fácil de empoderamiento y autoconocimiento es a través del talento. ¿Por qué? Se me ocurren, al menos, tres motivos:

- Desplegar el talento no supone esfuerzo.
- Cuando te pones a ello, surge la magia.
- No implica miedo.

El talento viene de serie en nosotros, es natural, como el amor, el sentir, el instinto o la intuición. Pero a diferencia de lo que sucede con el talento, nos da miedo amar por si nos hacen daño, nos da miedo seguir lo que sentimos, nos da miedo seguir nuestro instinto por si se descontrola o nos da miedo fiarnos de nuestra intuición por si nos equivocamos (ahí la «yaya sabionda» tiene mucho que decir). Todo lo natural y esencial de nosotros nos da miedo, por los cambios y consecuencias que puedan generar en nuestra vida.

Por lo tanto, realizar un crecimiento y desarrollo personal trabajando el amor, lo que uno siente o la intuición es difícil y costoso. Sin embargo, con el talento, no, porque es nuestro único don innato que no implica miedo.

Si me gusta tocar el piano como afición, no me da miedo, ni implica asumir ninguna responsabilidad, ni atenerme a las consecuencias. Solo disfruto de tocar el piano. Pero si me paro a observar, al tocar el piano (o hacer lo que me guste hacer) obtengo pistas fundamentales de cómo encontrar mi talento.

El talento conduce a la pasión, y cuando me apasiono al desarrollar mis habilidades, el tiempo desaparece, se funde. Y ahí está la clave: mi talento es el regalo del universo hacia mi ser, ya que el universo no entiende de tiempo. Porque, cuando desarrollo mi don, el tiempo pasa sin que me dé cuenta, y logro experimentar un presente infinito: el famoso y complicadísimo aquí y ahora.

A partir de aquí, una vez localizado nuestro talento, podemos seguir el camino de autoconocimiento a través de él. Localizo aquello con lo que disfruto y, poco a poco, voy tirando del hilo y desenmascarando todas las capas de mí que no necesito para vivir.

De esto se trata: de llegar a nosotros mismos sin esfuerzo a través de las capacidades que laten en nosotros desde niños, y que no nos dan miedo y nos divierten. Desde ahí, podemos desatar el resto de nuestros recursos innatos, lo que nos convertirá en personas más ricas y seguras. Podremos empezar a discernir nuestras emociones, nuestros pensamientos, y desechar las creencias que no nos pertenecen. Y al final de todo este proceso, si así lo siento, decidiré dedicarme a mi pasión, lo cual, por cierto, es para lo que he venido a este mundo.

Dentro de nosotros hay un genio que está esperando ser descubierto. Muchos piensan que quizá es demasiado tarde para encontrarlo, pero todo lo que es natural en nosotros no se marchita nunca, porque forma parte de la fuente original. El talento, como el amor, no entiende de edades, ni de tiempos. Es atemporal y estará vivo mientras nosotros estemos vivos.

Hay muchos ejemplos de que dejar huella no tiene nada que ver con la edad. Sin ir más lejos, Daniel Defoe escribió *Robinson Crusoe* prácticamente a los sesenta años, y Cervantes publicó *Don Quijote de la Mancha* a los cincuenta y ocho.

La rana hervida

Tal vez hayas oído hablar de la fábula de la rana hervida de Olivier Crec. La rana, cuando el agua está hirviendo, salta, pero si la pones a fuego lento, no se da cuenta hasta que queda cocida. Es una buena alegoría de las personas que no disfrutan de lo que hacen y cuya amargura se cuece a un fuego tan lento que no se dan cuenta de que han desperdiciado la vida hasta que están quemadas y es demasiado tarde. Para evitar quedar «fritos», debemos honrar nuestras virtudes y superar nuestros miedos para avanzar. Hay que salir de la zona de confort, tal vez enfrentarnos a la familia, o romper con el pensamiento establecido. Todo eso ya implica un poderoso camino de crecimiento personal espectacular.

Por otro lado, también es una realidad que ya no existe la estabilidad ni la seguridad en ningún trabajo ni en ningún ámbito de nuestra vida. El mundo nunca había cambiado tan rápido como ahora. Por eso, nuestra mayor esperanza con vistas al futuro es desarrollar un nuevo paradigma con nuestras capacidades, para dar a la existencia humana una nueva dirección.

Imagínate que tienes claro quién eres, por qué estás aquí, y haces las paces con el dinero y te enfocas en generar abundancia en tu vida y en la de los demás. El dinero no es más que una fuente de energía que llega como consecuencia de nuestra dedicación. No es ninguna utopía. Hablamos de generar riqueza en todos los ámbitos de nuestra vida, gracias al hecho de aportar valor de ser humano a ser humano.

El filósofo británico Aldous Huxley afirmaba que «no hay sustituto para el talento», y tenía razón. Nada puede satisfacerte ni aportar más valor a tu vida que desplegar tu talento.

Acabaré con unas palabras de la columnista Erma Bombeck, que me parecen perfectas para poner el broche al regalo de nuestra existencia: «El día que me encuentre ante Dios, al final de mi vida, espero no haberme guardado ni un solo talento y que pueda decirle: usé todo lo que me diste».

EPÍLOGO

La rueda de los geniotipos

El universo no da puntada sin hilo. Y, como acabamos de ver, la naturaleza es como un reloj en perfecta sincronía. Todo tiene un sentido, un orden y una forma natural de ser y un propósito que, si indagamos un poco, se presenta claramente ante nuestros ojos.

En el caso de los geniotipos, todos son necesarios y todos se complementan entre sí, como la rueda afinada que mueve el universo. Del mismo modo, si comprendemos la vida como una unidad de la que todos formamos parte, desde la consciencia individual del ser podremos avanzar hacia un propósito común.

Por lo tanto:

Si los maestros toman consciencia de su geniotipo Infinito, podrán sacar lo mejor de cada ser humano al que acompañen, y dejar atrás este sistema educativo actual, obsoleto y demostradamente fracasado.

Si cada niño comienza a sentirse comprendido desde su geniotipo y desarrolla las habilidades y los recursos que potencien su don, evitará la frustración y brillará con luz propia. Se sentirá integrado y aportará todo su talento para hacer de este un mundo mucho mejor. La suma de estos talentos descubiertos y en activo multiplicará la abundancia para la humanidad.

Siendo así...

Infinito educará para sacar el máximo talento del ser humano. Es un maestro de vida.

Cuadrado gestionará el mundo desde el razonamiento pragmático, para que la sociedad no entre en caos.

Elipse creará sueños para que los demás podamos imaginar, y nos procurará cultura y arte.

Triángulo negociará con transparencia para que el mensaje llegue a toda la sociedad.

Círculo cambiará el mundo a través de las pequeñas cosas y con su amor incondicional, y nos facilitará la vida, elevando la vibración.

Rectángulo nos proporcionará las necesidades básicas con amor y felicidad.

Pentágono nos facilitará la vida con sus cuidados y la comprensión de todos los campos de la evolución.

Rombo nos ayudará a vencer el miedo a la muerte y nos acompañará en el último viaje.

Estrella iluminará el mundo con su talento innato.

Actuando juntos desde el amor, se acabará el tú y el yo y terminará la necesidad de buscar un orden externo. Cuando están en armonía, la rueda de los geniotipos nos procurará una vida de belleza y realización personal individual y colectiva. Cada cual puede ocupar su lugar en el universo, y no por imposición, sino comprendiendo que cada individuo posee su propia genialidad. Si yo soy igual de genio que tú, no necesito convencerte de nada, ni tengo la necesidad de reconocimiento. Vamos de la mano por el bien común.

A primera vista, esto puede parecer una quimera, pero, curiosamente, es lo mismo que sucede con nuestras neuronas. Santiago Ramón y Cajal descubrió que el cerebro está formado por estas entidades individuales, pero que lo importante es la comunicación entre ellas. Es lo que se conoce como el principio de segregación e integración: en la primera, cada neurona es una entidad con una función y vida propias, y el cerebro requiere diversidad y diferenciación; en la segunda, la base es la interdependencia, y el cerebro requiere unión.

Decía Miguel de Unamuno que anhelaba unirse al gran todo, «sin dejar de ser el yo que ahora soy», y el hecho de que hayas leído este libro y lo hagas tuyo es un paso muy importante en esta dirección. Ahora tienes nuevas herramientas para evolucionar en positivo, creer en tu potencial interior y enamorarte de la vida cada día.

El erudito alemán Wilhelm von Humboldt enunció, hace un par de siglos, que «La verdadera finalidad de la existencia terrenal es, no ya la felicidad, sino el desarrollo de todos los gérmenes que existen en los dones individuales de cada ser humano». Asumir y comprender esto es la auténtica revolución del ser humano. En este sentido, creo que precisamos trascender el axioma racional de René Descartes, el «Pienso, luego existo», y evolucionar hacia otro que propongo, y que me parece mucho más poderoso y transformador, regido por el talento: «Siento, luego existo». Apliquemos toda la emoción para vivir con absoluta plenitud. Estamos preparados.

Gracias, de todo corazón, por acompañarme en esta aventura.

Namasté,

Tony Estruch

Agradecimientos

—Cariño, ¿sabes qué? Ojalá un día la vida me diera la oportunidad de hacer llegar al máximo de personas mi investigación del geniotipo. Siento en lo más profundo de mí, viendo los resultados que obtenemos, que aportaría luz a las dudas de mucha gente.

Recuerdo perfectamente cómo le dije estas palabras a mi mujer justo cuando nos acostábamos, a principios de noviembre de 2019.

Aproximadamente, un par de meses después firmaba el contrato editorial. Y lo mejor de todo es que, a día de hoy, aún no sé qué magia lo hizo posible. Porque ni siquiera me había planteado escribir un libro sobre los geniotipos, ya que siempre he estado centrado en la investigación de este modelo.

Así que el primer agradecimiento va a la vida. No tengo palabras. Hace tiempo que experimenté que el destino carece de lógica. Aun así, en el lapso de dos meses, entre el momento en el que no existía ni siquiera el proyecto de libro y la firma del contrato editorial, el universo se encargó de confirmarlo descaradamente: la lógica no existe.

Y como todo cuento encantado, este tiene tres protagonistas principales.

Empecemos por mi agente editorial, Sandra Bruna. Mil gracias por apostar y por confiar, pero, sobre todo, y como buen Triángulo con ascendente Círculo, gracias por seguir tu corazonada. Nunca olvidaré las lágrimas de emoción que experimenté mientras iba conduciendo y me llamaste para confirmar que Grupo Planeta apostaba por nosotros.

Ahí entra en escena mi editora Rocío. Gracias por decir *sí*. Quizá tú no lo sepas, pero esas dos simples letras cambiaron mi vida. Cuando veo a los autores que han publicado con Diana, me quedo sin palabras. Por eso, solo puedo decirte: gracias de corazón.

Todo cuento de hadas tiene su hada. Y en este caso es un hada masculina. La conocí al grabarle durante la conferencia para el Congreso de meditación. Esta historia él la cuenta mejor (como no podía ser de otra forma) en el prólogo de este libro. Al acabar, hicimos un aparte y le pregunté su opinión sobre dos posibles ideas que tenía.

—Sin duda, apuesta por la del geniotipo —me aconsejó—. Es más, ¿te parece que quedemos para tomar un té en unos días?

Sorprendido, acepté. Así, la segunda vez en mi vida que vi a mi hada masculina (porque no nos conocíamos más que de esos diez minutos que habíamos charlado tras la grabación) esta insistió en seguir asombrándome. Entró en la tetería (por cierto, Armando, gracias por tu paciencia), me abrazó y se sentó frente a mí. Tras preguntarme tres o cuatro cosas, me dijo:

—Si quieres, puedo mediar para que una gran agente literaria apueste por ti para publicar el libro sobre el geniotipo.

Yo, que buscaba posibles cámaras ocultas, porque no me lo podía creer, le dije:

—Vale, pero ¿qué tengo que hacer? Yo no tengo ni idea de todo esto, y aún no he empezado a escribir el libro.

Como buen hada, me tranquilizó y lo resolvió fácilmente:

—Tranquilo, Tony, yo te apoyaré en todo el proceso.

Francesc Miralles, no hay nada que no sepas y que no te haya dicho ya. Empecé admirándote, después has sido mi maestro, mi mentor, mi guía... Ahora puedo decir que sigues siendo todo eso, pero también mi querido amigo. ¡Sigamos dándole a la guitarra en nuestro grupo!

Es difícil no dejarse a alguien. Un libro es una suma de muchas pequeñas anécdotas que van pasando en la vida y que tienen diferentes actores. En mi caso, la primera persona que me hizo ver que tal vez había gente que podía estar interesada en mi trabajo fue Abel Jazz. ¡Gracias, amigo! Luego, llegaron uno a uno los integrantes de mi equipo. Sin vosotros, este proyecto de vida no sería posible. Gracias a todas y todos por seguirme y tener fe en mí, y, sobre todo, por vuestro cariño y aportar luz a estas investigaciones que empezaron observando lo más cercano, que es la familia. A todo ellos, hermanos, sobrinos, cuñados y primos, gracias por ser referentes en este proceso. Gracias a mi mamá por tener el carnet de madre que ama a sus hijos con locura. Tú me mostraste las bases del geniotipo Círculo.

Dicen que los niños vienen con un pan debajo del brazo. A los dos meses de nacer mi hija, publiqué mi primer libro. Y justo un añito después, firmé para publicar el segundo... Nahikari, hija, algún día te contaré esto, y cómo un juguete tuyo cambió la historia. Pero queda entre tú y yo... y mamá.

Sí, ella, la mamá de mi hija, y el amor de mi vida, conoce toda la historia. Ella es la primera que me dijo:

—Tony, no tengo dudas. El geniotipo es lo tuyo.

Cory, desde que dijiste esas palabras hasta que entrego este libro a la editorial para empezar el proceso de publicación, hemos tenido una hija. Y cuando estoy escribiendo estas líneas, hace veinticuatro horas que nos hemos dado el «Sí, quiero». Este será nuestro recuerdo lindo para siempre. Tú ya me entiendes. Te amo.

Namasté.

Bibliografía

Bolinches, A., *Amor al segundo intento*, Urano, Barcelona, 2019.

Carnegie, D., *Cómo ganar amigos e influir sobre las personas*, Elipse, Barcelona, 2008.

Cases, F. y Teller, S., *El cerebro de la gente feliz*, Grijalbo, Barcelona, 2021.

Csíkszentmihályi, M., *Fluir (Flow): una psicología de la felicidad*, Kairós, Barcelona, 1997.

Estruch, T., *Los secretos para dejar de sufrir*, Letrame, Madrid, 2020.

Gilbert, E., *Come, reza, ama*, DeBolsillo, Barcelona, 2021.

Gladwell, M., *Fuera de serie*, Taurus, Barcelona, 2021.

Kiyosaki, R., *Padre rico, Padre pobre*, DeBolsillo, Barcelona, 2021.

Miller, A., *La muerte de un viajante*, Cátedra, Madrid, 2010.

Miralles, F. y García, H., *Ikigai: los secretos de Japón para una vida larga y feliz*, Urano, Barcelona, 2016.

Redfield, J., *Las nueve revelaciones*, B de Bolsillo, Barcelona, 2020.

Robinson, K., *El Elemento*, Conecta, Barcelona, 2013.

Rosario, D. del, *El libro que tu cerebro no quiere leer*, Urano, Barcelona, 2019.

Sherma, R. S., *El monje que vendió su Ferrari*, DeBolsillo, Barcelona, 2010.

Tolle, E., *El poder del ahora*. Gaia, Madrid 2013.

De este libro me quedo con...

Geniotipo ha sido posible gracias al trabajo de su autor,
Tony Estruch, así como de la correctora Maria Fresquet Roso,
el diseñador José Ruiz-Zarco Ramos, el equipo de Realización Planeta,
la directora editorial Marcela Serras, la editora Rocío Carmona,
la editora Carolina Añaños, y el equipo comercial, de comunicación
y marketing de Diana.

En Diana hacemos libros que fomentan
el autoconocimiento e inspiran a los lectores
en su propósito de vida. Si esta lectura te ha gustado
te invitamos a que la recomiendes y que así, entre
todos, contribuyamos a seguir expandiendo
la conciencia.

www.booket.com

www.planetadelibros.com